Otto Betz

Was wissen wir von Jesus?

Der Messias im Licht von Qumran

R. BROCKHAUS VERLAG WUPPERTAL UND ZÜRICH

Die THEOLOGISCHE VERLAGSGEMEINSCHAFT (TVG)
ist eine Arbeitsgemeinschaft
der Verlage R. Brockhaus Wuppertal und Brunnen Gießen.
Sie hat das Ziel, schriftgemäße theologische Arbeiten
zu veröffentlichen.

Die Deutsche Bibliothek – CIP-Einheitsaufnahme

Betz, Otto:
Was wissen wir von Jesus?: Der Messias im Licht von Qumran
/ Otto Betz. – 2. Aufl., erw. Neuaufl. – Wuppertal; Zürich:
Brockhaus, 1995
    (TVG: Allgemeine Reihe)
    ISBN 3-417-29535-1

2. Auflage 1995

Erweiterte Neuauflage; in dieser Fassung:
© 1991 R. Brockhaus Verlag Wuppertal und Zürich
Umschlaggestaltung: Carsten Buschke, Solingen
Umschlagmosaik: Detail der Apsis; Basilika von S. Vitale,
Ravenna (VI. Jh.) – Der Heiland
Gesamtherstellung: Breklumer Druckerei Manfred Siegel KG
ISBN 3-417-29535-1

Dr. Dorothy I. Marx,
der Christuszeugin in Indonesien,
in Dankbarkeit und Liebe zugeeignet

INHALT

EINLEITUNG

Was wissen wir von Jesus?

Auf diese Frage habe ich 1965 eine Antwort gegeben. Im Gegensatz zu der damals herrschenden Meinung, vom historischen Jesus wüßten wir nur wenig, und auf keinen Fall habe er sich für den Messias gehalten, hatte ich damals behauptet: Dieser war der Christus, er wußte sich von Gott als Messias zu Israel gesandt. Sein Name »Jesus Christus«, der das nach Ostern verkündigte Bekenntnis der Christen zusammenfaßt, ist gut begründet, und zwar nicht nur in der Auferstehung des Gekreuzigten, sondern auch im Sendungsbewußtsein und Wirken des Mannes von Nazareth. Dieses war von Anfang an messianisch; der historische Jesus und der Christus des Glaubens bilden eine feste Einheit. Den Nachweis für diese These habe ich damals mit Hilfe der neu entdeckten Schriftrollen vom Toten Meer zu führen versucht. Von ihnen her fällt ein neues Licht auf unsere Evangelien, das den Zweifel an der historischen Wahrheit ihres Zeugnisses schwinden läßt; das Vertrauen der Exegeten und Prediger des Neuen Testaments kann aufgrund der neuen wissenschaftlichen Erkenntnisse gefestigt werden.

Mein Büchlein wurde bald in mehrere Sprachen übersetzt, ist aber in seiner deutschen und englisch/amerikanischen Ausgabe seit längerer Zeit vergriffen. Dem Wunsch nach einem bloßen Nachdruck habe ich mich bisher widersetzt, denn weitere Qumrantexte wurden seitdem veröffentlicht, vor allem die wichtige »Tempelrolle«. Eine Überarbeitung und Erweiterung der ersten Auflage war notwendig geworden, obwohl das Ergebnis und große Teile des damaligen Textes gleich geblieben sind. Die Neuausgabe scheint auch deshalb gerechtfertigt zu sein, weil sowohl in der protestantischen als auch in der katholischen Exegese der »unmessianische« Jesus von Nazareth weiter in Geltung steht, und außerdem die Kenntnis seiner jüdischen Umwelt meist mangelhaft ist. Deshalb herrscht auch noch immer Unsicherheit auf den Kanzeln, wenn über Evangelientexte gepredigt wird: Hat Jesus das wirklich gesagt und getan, oder handelt es sich um fromme Bildung der Gemeinde, sah nicht die historische Wahrheit ganz anders aus als das »Glaubenszeugnis«?

Es gibt jedoch ein Felsgestein von Fakten, das der Kraft des Zweifels und der Flut immer neuer Theorien über den historischen Jesus widersteht. Es hebt sich aus den Quellen heraus, die wir über Jesus besitzen, und zwar nicht nur aus den christlichen, sondern auch aus den außerchristlichen, nichtbiblischen Zeugnissen. Zu diesen Fakten gehört in erster Linie die Messianität des historischen Jesus, die ich in dieser Neuausgabe besonders hervorheben möchte. »Der Christus der Theologie beginnt mit dem historischen Jesus« – so hat der jüdische Gelehrte J. Neusner vor kurzem knapp und sachlich richtig formuliert.[1] Um diese Tatsache geht es im vorliegenden Buch.

A. Das Problem des historischen Jesus: »War dieser der Christus?«

1. Die nichtchristlichen Quellen

1904 erschien ein Aufsatz Wilhelm Boussets mit dem Thema: »Was wissen wir von Jesus?«. In dieser Zeit wurde die sogenannte »Christusmythe« heftig diskutiert. Männer wie Kalthoff, Drews oder Jensen wagten die Behauptung, einen wirklichen Jesus habe es in der Geschichte nie gegeben. Den Grund für den Christus des Neuen Testaments habe eine mythische, übernatürliche Gestalt gelegt, die später von einigen Christen in Raum und Zeit versetzt und auf solche Weise künstlich historisiert worden sei. Für neutestamentliche Forscher wie Bousset, Jülicher und Klostermann war es nicht schwer, die sogenannte »Christusmythe« als Phantom zu entlarven, und seitdem hat man allenfalls in marxistisch-atheistischen Kreisen, aber nicht unter ernsthaften Forschern die Ungeschichtlichkeit Jesu behauptet. In der gelehrten Diskussion von heute geht es um eine andere Frage, nämlich um das Verhältnis von historischem Jesus zu dem von der Kirche verkündigten Christus.

Sogar die nichtchristlichen Quellen lassen keinen Zweifel daran, daß Jesus von Nazareth wirklich gelebt hat, und sie weisen auch recht deutlich auf dessen Messianität.

a) In seinen »Jüdischen Altertümern«, einer umfassenden und daher umfangreichen Geschichte des Volkes Israel, berichtet ihr Verfasser Flavius Josephus, wie Jakobus 62 n.Chr. in Jerusalem gesteinigt wurde; er nennt ihn »den Bruder des sogenannten Christus«[2]. Diese Angabe verrät, daß Josephus an einer früheren Stelle von Jesus gesprochen haben muß und deshalb den Namen und Titel als bekannt voraussetzen kann. In der Tat bietet er im 18. Buch dieser Altertümer das berühmte, viel diskutierte »Testimonium Flavianum«, das »Zeugnis des Flavius Josephus« von Christus. Es lautet: »Um diese Zeit lebte Jesus, ein Mann voll Weisheit, wenn man ihn überhaupt einen Mann nennen darf. Er vollbrachte nämlich ganz unglaubliche Dinge und war ein Lehrer derjenigen Menschen, die gern die Wahrheit aufnehmen; so zog er viele Juden und viele aus dem Griechentum an sich. <u>Dieser war der Christus</u>. Als Pilatus ihn auf die Anzeige der bei uns an der Spitze Stehenden hin mit der Kreuzigung bestraft hatte, hörten diejenigen, die ihn zuerst ins Herz geschlossen hatten, nicht mit ihrer Zuneigung auf. Er erschien ihnen nämlich am dritten Tag wieder lebend, wie die göttlichen Propheten dies und tausend andere wunderbare Dinge von ihm verkündigt hatten. Noch bis jetzt hat der Stamm der Christen, die nach ihm genannt sind, nicht aufgehört.«[3]

Es fällt auf, mit welcher Hochachtung der jüdische Historiker von Jesus spricht, die menschliches Maß übersteigende Weisheit und seine unglaublichen Taten rühmt, dazu die Wahrheit seiner Lehre, mit der er nicht nur viele Juden, sondern auch Griechen für sich gewann. Besonders bemerkenswert ist der lapidare Satz: »Dieser war der Christus«; Jesu Weisheit und seine Werke werden wohl auf die Kraft des Gottesgeistes zurückgeführt, mit dem der Christus »gesalbt« ist (Jes 11,1f). Obwohl Josephus in einer dem Neuen Testament fremden Sprache redet, muß man sich natürlich fragen, ob nicht christliche Bearbeitung vorliegt oder aber Ironie im Spiel ist (Prof. Gawrilow, Leningrad). Aber ursprünglich und dem Josephus zuzuschreiben ist das »Christus-Sein«, die Messianität des historischen Jesus: Seine Anhänger werden »Christen« genannt, <u>Jakobus war der Bruder des »sogenannten« Christus</u>; besonders wichtig, aber auch umstritten, ist der nicht etwa als überzeitlich geltendes Bekenntnis, sondern als historisches Faktum (»war«) formulierte und darum »nichtchristliche« Satz: »Dieser war der Christus«.

b) Der römische Historiker Tacitus hat die grausame Verfolgung der Christen durch den Kaiser Nero in seinen Annalen (15,44) erzählt.[4] Die mit ausgesuchten Martern Bestraften waren nach Tacitus »jene Leute, die das Volk wegen ihrer Schandtaten haßte und mit dem Namen ›Christen‹ belegte.

Dieser Name stammt von Christus, der unter Tiberius vom Prokurator Pontius Pilatus hingerichtet worden war«. Solche Sätze bestätigen, was die Evangelien von Pilatus berichten und die Kirche im Apostolischen Glaubensbekenntnis von ihm bekennt. Sie erinnern uns auch an den »Titulus«, die Inschrift, die Pilatus an dem Kreuz Jesu hatte anbringen lassen und auf der er den Grund für die Verurteilung angab: »(Jesus, der Nazarener), der König der Juden« (Mk 15,26 par). Diese Kreuzesinschrift ist ein grundlegendes Faktum in der Geschichte Jesu; ihrer Form und ihrem Inhalt nach bildet sie einen wichtigen Maßstab, an dem jede Darstellung Jesu gemessen werden muß: Seine Kreuzigung als König der Juden gilt es zu erklären. Die Formulierung des Titulus bringt die Rechtsauffassung der römischen Besatzungsmacht zum Ausdruck. Übersetzt man ihn in die jüdische Theologie und Terminologie, so besagt er: Jesus von Nazareth erhob den Anspruch, der »Messias Israels«, d.h. der Christus Gottes, zu sein.

c) Den Namen »Christen« und die Messianität Jesu erwähnt ganz ähnlich der wenig später als Tacitus schreibende römische Historiker Sueton in seiner »Biographie« über Nero (16): »Mit Todesstrafen wurde gegen die Christen vorgegangen, eine Sekte, die sich einem neuen und gefährlichen Aberglauben ergeben hatte.« In der Biographie über den Kaiser Claudius (42–54 n.Chr.) erzählt er von ihm: »Die Juden vertrieb er aus Rom, weil sie, von Chrestus aufgehetzt, fortwährend Unruhe stifteten« (Claudius 25).[5] Die Unruhe unter den Juden mag sich auf die Konflikte zwischen Sendboten, die Jesus als den Messias verkündigten, und der Judenschaft Roms beziehen, die das Evangelium entschieden abwies. Von Jesus Christus hatte Sueton wohl kaum noch eine richtige Vorstellung; sein Hinweis »Chresto impulsore« erweckt den Anschein, als habe Jesus in Rom und unter Claudius gewirkt. Aber wichtig ist auch hier, daß der römische Historiker ihn »Chrestus« = Christus nennt und dieses Wort wie einen Eigennamen gebraucht. Der Statthalter Plinius der Jüngere erzählt, die Christen sängen einen Hymnus zu »Christus, als sei er ein Gott«.[6]

d) Im jüdischen Gesetzbuch des Babylonischen Talmud wird die Weisung der Mischna, man solle vor der Durchführung der Steinigung den Namen und die Schuld des Delinquenten öffentlich bekanntgeben (Sanhedrin 6,1), durch den Hinweis auf die Hinrichtung Jesu illustriert:

»Es ist überliefert: Am Rüsttag zum Passafest hängte man Jesus, den Nazarener. Ein Ausrufer ging vierzig Tage lang vor ihm her (und verkündigte): ›Er (Jesus) geht hinaus, um gesteinigt zu werden, weil er gezaubert und Israel verführt und zum Abfall (von Gott) verleitet hat. Jeder, der etwas zu seiner Entlastung weiß, möge kommen und es für ihn geltend machen.‹ Aber man fand nichts zu seiner Entlastung, und so hängte man ihn am Rüsttag des Passafestes.« R. Ulla entgegnete mit dem Einwand: »Meinst du, daß er zu denen gehörte, für die man nach Entlastung sucht? Er war doch ein Verführer (mēsīt hū), und von ihm hat der Allbarmherzige gesagt: ›Du sollst ihm keine Schonung erweisen und seine Schuld nicht bedekken!‹ (5Mo 13,9). Aber bei Jesus lag der Fall anders: Er stand der Königsherrschaft (d.h. der römischen Regierung) nahe« (b Sanhedrin 43a).

Merkwürdigerweise fehlt der Hinweis auf Pilatus und die Kreuzigung Jesu durch römische Soldaten; statt dessen wird »jüdischer« erzählt und vom »Hängen«, ja sogar vom Steinigen, als Hinrichtungsart geredet. Es entsteht der Eindruck, ein jüdisches Gericht habe sowohl das Urteil über Jesus gesprochen als auch die Strafe vollstreckt. Die Anklage lautet, Jesus habe gezaubert (vgl. 5Mo 18,10f), Israel verführt und zum Abfall verleitet (vgl. 5Mo 13,7). Wie bei Sueton, so ist auch hier die Kenntnis des historischen Sachverhalts getrübt.[7] Dennoch ist dieser Bericht aus zwei Gründen für uns wichtig: 1. Das zugrundegelegte, in 5Mo 13 geforderte Vorgehen gegen einen falschen Propheten und Volksverführer hat in der Tat den Prozeß Jesu, die Verhaftung und das Verhör vor dem Jerusalemer Synhedrium (Mk 14,53–65), beeinflußt und dort – neben 5Mo 21,22f – als Rechtsgrundlage gedient. 2. Die Anklage wird in dem von R. Ulla beantworteten Einwand so zusammengefaßt: »Er (Jesus von Nazareth) war ein Verführer (Israels; mēsīt hū).« Dieses Urteil war wohl ursprünglich dem Bekenntnis »Jesus (ist der) Christus« entgegengesetzt und an der Kreuzesinschrift des Pilatus orientiert. Dabei wurde es wortspielartig, prägnant-polemisch formuliert: »Jesus, der Nazarener« war nicht etwa der »König der Juden«, d.h. der »Messias Israels« (mĕshīaḥ Jisrael), sondern ein »Verführer Israels« (mēsīt Jisrael). Aus diesem Grunde hing er am Kreuz, ist er für uns Juden ein tālūj = »Gehängter«! (5Mo 21,23). Auch in dieser dunklen Überlieferung wird noch erkenntlich, daß man sich in erster Linie gegen den Messiasanspruch Jesu und das Christusbekenntnis der Christen zur Wehr gesetzt hat.

In all diesen nichtchristlichen Notizen erscheint der historische Jesus als der Christus, wobei dieser ursprüngliche Titel manchmal den Namen ersetzt. Die Messianität Jesu muß der zentrale Artikel des Glaubens gewesen sein. Der »für uns gestorbene Christus« bildet ja die erste Aussage in dem von Paulus übernommenen und verkündigten Evangelium (1Kor 15,3); das Kreuz des Messias war das große Ärgernis für die Juden (1Kor 1,23).

Auch der Name »Jesus« war für die Glaubenden ein Hinweis auf sein messianisches Wirken. Von Matthäus wird dieser Name so übersetzt und erklärt: »Er wird sein Volk retten von ihren Sünden« (1,21). Der Messias (māshīaḥ) ist dieser »Retter« (mōshīaʿ); die Qumrangemeinde hoffte, daß er »aufstehen wird, um Israel zu retten« (4 Q Florilegium 1,12f). Für die Rabbinen hingegen galt Jesus als »Bileam«; mit diesem Decknamen haben sie von ihm gesprochen, ihm das Heil der kommenden Welt abgesprochen (Mischna Sanhedrin 10,1f). Auch hier haben wir wieder ein Wortspiel, und zwar mit den Namen: Der Nazarener war kein »Jesus«, kein messianischer Retter des Gottesvolkes, sondern ein »Bileam«, ein Mann, der »das Volk verwirrte« (bālaʿ ʿam).

2. Die christlichen Quellen

a) Als wichtigste Quellen für unser Wissen von Jesus verbleiben die Schriften des Neuen Testaments und unter ihnen besonders die Evangelien. Wer diese Zeugnisse unbefangen liest, kann kaum bezweifeln, daß auch in ihnen eine konkrete historische Persönlichkeit dargestellt wird. Dennoch unterscheiden sich die Evangelien grundsätzlich von den eingangs besprochenen Jesus-Notizen bei Tacitus, Josephus oder im Talmud. Die Evangelisten haben ausführlich von Jesus geschrieben, ja, ihn zum alleinigen (Gegenstand) ihrer Werke gemacht. Vor allem aber sahen sie ihn in einem anderen Licht. Für sie war Jesus nicht etwa ein falscher Messias, zauberischer Wundertäter oder Revolutionär, der zu Recht hingerichtet wurde, sondern der Christus Gottes, der das Kommen der Basileia verkündigte und Kranke heilte, der unschuldig am Kreuz gestorben und deshalb von Gott wieder zum Leben erweckt worden war. Ihre Darstellung ist vom Glauben an Jesus, den Christus, diktiert: Der irdische Jesus von Nazareth ist für sie mit dem auferstandenen und erhöhten Herrn der Christenheit identisch. Die Evangelisten, die etwa 30 bis 50 Jahre nach Jesu Tod schrieben, stehen zu ihm in einer doppelten, horizontalen und vertikalen, Verbindung: einmal durch den Strom der Tradition, der die Worte und Taten des irdischen Jesus an sie heranführt, und dann durch den Glauben an den himmlischen Christus, der im Wort der Predigt, im Heiligen Geist und in den Sakramenten gegenwärtig ist. Die seit Martin Kähler übliche Trennung zwischen historischem Jesus und geschichtlichem Christus hat für sie nicht existiert. Denn schon die mündliche Überlieferung vom irdischen Jesus war vom Glauben an den Christus geprägt: Von den Flügeln des Credos getragen, kam der Jesus der Tradition über das Meer der Zeit hinweg auf die Evangelisten zugeeilt und trug beim Näherkommen die wohlvertrauten Züge des Christus und Gottessohns. Jedes der Evangelien ist deshalb durch eine von Glauben und Liebe bestimmte Christologie charakterisiert.

b) Dadurch entsteht jedoch für den historisch Fragenden ein schweres Problem. Ein Christus und Gottessohn geht eigentlich über den Rahmen dessen, was wir von einer Gestalt der Geschichte wissen können, hinaus; er gehört in das Reich des Glaubens, der Bekenntnisse und Dogmen. Der Historiker fragt sich, ob man den erhöhten Herrn der Kirche wieder auf die Erde, den Boden der geschichtlichen Tatsachen, stellen

* zur alleinigen Person

kann, ob es gelinge, das Gold der Christus-Ikone zu entfernen, um die Gestalt des Menschen Jesus von Nazareth, wie er leibte und lebte, freizulegen. Ist es methodisch möglich, den vom Glauben an Christus beherrschten Evangelien den historischen Jesus abzugewinnen? Falls die Antwort bejahend sein sollte, so bleibt die Frage des Theologen: Braucht denn die Kirche, die sich eine christliche nennt und mit dem Bekenntnis zu Christus, dem Gottessohn, steht und fällt, überhaupt solch ein Wissen um den historischen Jesus von Nazareth, den Lehrer, Wundertäter, Revolutionär oder wer immer er gewesen sein mag?

c) Rudolf Bultmanns Antwort ist ein klares Nein. In seiner Sicht ist das Fragen nach dem historischen Jesus methodisch zum Scheitern verurteilt und, vom Standpunkt des Glaubens her gesehen, illegitim. Die Geschichte der Leben-Jesu-Forschung, die von Albert Schweitzer so meisterhaft dargestellt worden ist, beweist, daß ein »Leben Jesu«, eine Biographie des Mannes Jesus von Nazareth, als wissenschaftlich gültiges Werk gar nicht geschrieben werden kann. Das liegt in der Natur der Quellen begründet. Ein Evangelium will keine Lebensbeschreibung eines berühmten Mannes sein und liefert darum auch nicht die Daten für eine einwandfreie Biographie. Bultmann behauptet, viel mehr als das bloße »Daß« der Existenz, die Tatsache, daß ein Mann Jesus von Nazareth wirklich gelebt habe, sei für den historisch Fragenden auch diesen ausführlichen Quellen nicht zu entnehmen. Aber die Kirche, die aus dem Glauben an Christus lebe, brauche auch nicht mehr als diese Grundtatsache, daß Jesus Mensch war, der Geschichte angehört hat, und damit mehr ist als ein bloßes Symbol oder eine mythische Figur. Denn echter Glaube wolle nicht auf wissenschaftlich begründeten, allgemein einsichtigen Tatsachen ruhen. Er hänge vielmehr an Gottes Wort, das menschlicher Kontrolle entzogen sei; nur dieses Wort, das von der Kirche des Neuen Testaments verkündigt wurde, führe hin zum gekreuzigten und auferstandenen Herrn. Der Satz, daß Jesus von Nazareth der Christus und Retter der Menschheit ist, lasse sich nicht als allgemeine und notwendige Wahrheit demonstrieren, sondern werde nur im Wagnis des Glaubens, einer persönlich vollzogenen Entscheidung, wahr. Zweifellos hat Bultmann die Eigenart der Evangelien und das Wesen des christlichen Glaubens richtig gesehen. »Evangelium« meint Frohbotschaft, ein vom Glauben durchglühtes und den Glauben forderndes Zeugnis, das den Menschen in Frage stellen, ihn in eine neue Richtung weisen und nicht etwa zu einer wissenschaftlich-kühlen Nachprüfung und Wiedergabe herausfordern will.

Dennoch befriedigt Bultmanns »Nein« zum historischen Jesus nicht. Zwar kann der Glaube an Christus nicht durch historische Fakten begründet werden. Ist er aber an eine Person gewandt, die in der Geschichte, in Zeit und Raum, erschienen ist, so dürfen die geschichtlichen Tatsachen nicht gleichgültig sein. Dafür ist schon die bloße Existenz der Evangelien ein Beweis. Sie zeigen ja nicht ausschließlich den Gekreuzigten und Auferstandenen, sondern gehen hinter das Kreuz zurück und berichten von Wort und Werk des irdischen Jesus von Nazareth. Das geschah sicherlich nicht nur aus erbaulichen Gründen. Schon die zweite Generation von Christen war von der Sorge um die Wahrheit, die geschichtliche Grundlage ihrer Predigt, umgetrieben. Sie kämpfte an zwei verschiedenen Fronten: Gegen die Juden, denen Gottes machtvolle Realität im Raum der Geschichte geoffenbart worden war und die darum geschichtlich dachten und fragten, und dann gegen die Gnosis, eine in der Kirche immer mehr um sich greifende Irrlehre, in der die geschichtlichen Tatsachen verflüchtigt und die Menschheit Jesu geleugnet wurde. Hinzu kam die Tatsache, daß mit der Zerstörung Jerusalems im Jahre 70 n.Chr. die Kirche ihres geschichtlichen Zentrums beraubt worden war und deshalb um die Sicherstellung ihrer Tradition besonders besorgt sein mußte. In dieser Situation konnte es nicht länger gleichgültig sein, wer Jesus von Nazareth eigentlich war und was der einzelne Christ oder Jude von ihm hielt.

Auch Bultmann hat nach diesem Jesus gefragt. In scheinbarem Widerspruch zu seinem Veto hat er ein heute viel beachtetes Buch »Jesus« geschrieben[8], dessen englische Ausgabe bezeichnenderweise den Titel »Jesus and the Word« trägt. In diesem Buch erscheint Jesus als ein rabbinischer Lehrer und prophetischer Verkündiger, der durch seine Botschaft vom Gottesreich uns mit dem radikal verstandenen Willen Gottes konfrontiert. Jesus rief dazu auf, das Leben nicht auf die verfügbaren, aber vergänglichen Güter und Werte dieser Welt zu gründen, sondern sich von der weltüberlegenen Wirklichkeit Gottes her zu verstehen, die echte, zur Nächstenliebe befreite Existenz des Glaubens anzunehmen.

d) Die Botschaft Jesu hat Bultmann existential interpretiert und mit Hilfe der formgeschichtlichen Methode aus den Evangelien herauskristallisiert. Der Formgeschichtler strebt hinter die Jetztgestalt der Evangelien zurück und geht dabei auf dem Weg, der zum historischen Jesus führen soll. Er faßt die vorliterarischen »Formen«, die kleinen Einheiten der mündlichen Überlieferung, in den Blick: Gleichnisse und Wundergeschichten, Weisheitssprüche und prophetische Worte, gesetzliche Vorschriften und »Apophthegmata«, d.h. kurze, anekdotenhafte Szenen, die durch einen Ausspruch Jesu gekrönt sind. Ist die typische Form, die »Gattung«, solch einer Einheit erfaßt, so läßt sich in der Regel auch ihr »Sitz im Leben« bestimmen: Das Gleichnis z.B. gehört in die Predigt Jesu vom Gottesreich, die gesetzliche Vorschrift stammt dagegen eher aus dem Leben und der Ordnung der Gemeinde; das Gleichnis mag ein echtes Jesuswort, die Vorschrift eine Bildung der frühen Kirche sein. Hat man auf diese Weise das Ganze eines Evangeliums in kleine Einzelteile zerlegt, so kann man versuchen, konstruktiv den Werdegang der Jesusüberlieferung nachzuzeichnen, ihr geschichtliches Wachsen und die sie formenden Tendenzen zu beschreiben. Nach dem Urteil Bultmanns und seiner Schule ergibt sich dabei, daß ein großer Teil des Evangelienstoffes auf das Konto der Jünger Jesu, der Gemeinde, geht. Alles, was uns im Neuen Testament von Jesus berichtet wird, sei durch das Medium der Gemeinde hindurchgegangen, die sich nach Bultmann durchaus nicht mit der Rolle des gewissenhaften Tradenten begnügt hat. Aufgrund der kritisch gehandhabten formgeschichtlichen Analyse müsse man vielmehr den Eindruck gewinnen, die Gemein-

17

de habe ihr Bekenntnis zum Auferstandenen mit elementarer, schöpferischer Kraft ausgebildet und dabei auch die Jesusüberlieferung entsprechend gestaltet und ausgebaut. Sie habe nicht nur die Taten Jesu im Lichte des Osterglaubens und Christuscredos gesehen, sondern auch von inspirierten Propheten verkündigte Worte des erhöhten Herrn mit denen des irdischen Jesus vermengt.

Freilich gebe es kein sicheres Resultat. Bultmann hat darum in seinem Jesusbuch die Grenzen nicht genau bestimmt und manches Wort darin mit aufgeführt, das ihn eher eine Bildung der Gemeinde dünkt. Die formgeschichtliche Methode führte ihn in die Werkstatt der Gemeinde, nicht zum historischen Jesus zurück. Sie soll das ja auch gar nicht tun: Jedes Jesusbuch, das den puren Mann von Nazareth darstellen wollte, wäre nach Bultmann vom Unglauben diktiert.

e) Bei zahlreichen Neutestamentlern, vor allem in England, Skandinavien, Amerika und auch Deutschland, hat Bultmanns kategorisches »Nein« zum historischen Jesus keinen Beifall gefunden. Auch Bultmanns Schüler halten sich seit Ernst Käsemanns epochemachendem Aufsatz »Das Problem des historischen Jesus«[9] nicht mehr daran. Ja, gerade dieses Problem ist eines der wichtigsten Themen der neutestamentlichen Forschung geworden[10]; das »Neue Fragen nach dem historischen Jesus« – »neu« im Gegensatz zur liberalen Jesusforschung des vergangenen Jahrhunderts – wird vor allem in Amerika enthusiastisch begrüßt. Freilich hört man dort auch kritische Stimmen. Es wird behauptet, das »Neue Fragen« führe kaum über Bultmann hinaus, und wo das geschehe, falle man in die psychologisierende Betrachtungsweise der liberalen Jesusforschung zurück.[11]

Ist dieser Vorwurf berechtigt? Wie neu ist eigentlich das »Neue Fragen«? Zweifellos stehen die Schüler Bultmanns noch im Banne des Meisters. Sie folgen dessen Theologie. Nach wie vor ist es die Christusbotschaft der Gemeinde, an die der Glaube gewiesen wird, und nicht etwa die Predigt Jesu oder dessen Sendungsbewußtsein. Gerade an diesem Punkte unterscheidet sich das »Neue Fragen« wesentlich von der Jesusforschung der liberalen Ära. Aber man betont, der Zusammenhang zwischen der Botschaft der Gemeinde und der Predigt Jesu sei keinesfalls belanglos, ganz abgesehen davon, daß sich kein Forscher vorschreiben lasse, nur bis zu einem bestimmten Punkte und ja nicht darüber hinaus zu gehen. Immer noch gilt der mit »methodischer Skepsis«[12] gehandhabte formgeschichtliche Nachweis als wichtigstes Werkzeug der Evangelienforschung. Aber diese Forschung ist nun neu orientiert. Bei Bultmann hatte die formgeschichtliche Methode vor allem kritische Kraft: Das naive Vertrauen in die historische Berichterstattung der Evangelien wurde erschüttert, und die falschen Stützen des Glaubens fielen; damit wurde aber der Zugang zum historischen Jesus eher verbaut als freigelegt. Auch die Schüler Bultmanns üben sich noch mit Lust in der Kunst der Kritik, vor allem dann, wenn es die Konstruktionen der Kollegen und der so konservativ gewordenen liberalen Jesusforscher zu zerschlagen gilt. Aber wichtiger ist ihnen das positive Ziel: der Rückgang zum echten Jesuswort. Die Predigt Jesu erhält nun Eigenwert. Sie ist nicht mehr wie bei Bultmann lediglich Voraussetzung des Kerygmas, der neutestamentlichen Theologie[13], sondern ihr Fundament. Die Christusbotschaft der Gemeinde braucht den Halt in der Historie, den Hinweis auf das »extra nos« des ohne unser Zutun gewirkten Heils (vgl. Röm 5,6)[14], wenn anders sie nicht als bloßes Selbstgespräch entlarvt werden soll. In der Predigt und der Person Jesu von Nazareth ist der Glaube an Christus, den Retter der Welt, in der Geschichte gegründet. So steht die christliche Verkündigung auf festem Boden und wird daran gehindert, ein willkürliches, frei in den Lüften schwebendes, mythologisches Gebilde zu werden. Entscheidend ist die Frage der Kontinuität: Es gilt zu zeigen, daß das Christusbekenntnis der Gemeinde nicht nur auf das Osterereignis, sondern auch auf die Predigt Jesu sachgemäß geantwortet hat. Dazu ist erforderlich, daß die Echtheit des einzelnen Traditionsgutes geprüft und glaubhaft gemacht wird.[15]

Auch das Ergebnis des »Neuen Fragens« ist positiver, und der bei Bultmann sichtbare »garstige« Graben zwischen der Predigt Jesu und der Verkündigung des Christus erscheint minder breit. Nach Bultmann gewinnt man den Eindruck, als habe Jesus nichts spezifisch Christliches verkündigt oder geglaubt. Wellhausens Wort, Jesus sei der letzte Jude gewesen und Paulus der erste Christ, könnte man auch als Urteil Bultmanns interpretieren: Jesus gehörte zum Frühjudentum, den Christus hat erst die Urgemeinde erkannt und bekannt. Er wurde an Ostern in ein Kerygma erhöht, als Messias den Jüngern gepredigt, deren Glaube stets weiter wachsende Ringe des bekennenden Preisens um den Auferstandenen zog. Die Schüler Bultmanns betonen mehr und mehr auch das Neue, Einzigartige in Jesu Wort und Tat. Sah Bultmann in Jesus den rabbinischen Lehrer des radikal verstandenen Gottesgebotes, so kehrt Käsemann den Gegensatz Jesu zum zeitgenössischen Judentum stark hervor: die unerhörte Souveränität, mit der er am Wortlaut der Tora und an der Autorität Moses vorbeigehen konnte, ferner die frohe Botschaft von der Güte des himmlischen Vaters und der Freiheit der Kinder Gottes.[16]

f) Dennoch wirkt auch das »Neue Fragen nach dem historischen Jesus« gehemmt, und zwar einmal durch Bedenken dogmatischer Art und zum anderen dadurch, daß man sich zu sehr der formgeschichtlichen Methode verschreibt. Die von Bultmann eingeimpfte Scheu vor den historisch-objektiven Tatsachen ist durchaus nicht geschwunden. Den Daten der Archäologie wie Inschriften, Münzen oder Bauten oder auch den Texten vom Toten Meer wird nur begrenzte Beachtung geschenkt. Das Hauptinteresse gilt der Botschaft Jesu und dem Glauben, den sie bezeugt und entbindet; alles andere wird als »Milieu« abgestempelt, das nur in zweiter Linie in Betracht kommen darf. Aber solch eine – von Heideggers oder Collingwoods Philosophie beeinflußte – Trennung läßt zu leicht vergessen, daß das Forschen nach dem historischen Jesus nicht auf theologische oder philosophische Fragestellungen eingeschränkt werden darf. Den Historiker interessiert alles, nicht nur die Welt der Gedanken, in denen sich ein bestimmtes Selbstverständnis erschließt, sondern auch jede Einzelheit des »Milieus«, nicht zuletzt auch die soziale Situation. Denn wie soll man das »innere Leben« einer historischen Persönlichkeit verstehen, wenn die Umwelt, das Feld des Wirkens, unberücksichtigt bleibt? Die Umwelt ist dann besonders wichtig, wenn der Forscher von dem Helden seiner Darstellung durch einen großen zeitlichen und räumlichen Abstand getrennt ist. Es ist darum ein zwiespältiger Eindruck, den das »Neue Fragen« hinterläßt: der Wall zwischen verkündigtem Christus und historischem Jesus ist durchbrochen, aber man geht mit halbgeschlossenen Augen über das dahinterliegende Feld.

Diese Hemmung ist ferner dadurch bedingt, daß man sein ganzes Vertrauen in den formgeschichtlichen Nachweis und die »redaktionsgeschichtliche« Arbeit der Evangelisten setzt. Der Wert dieser Methoden soll nicht ganz geleugnet werden. Sie lassen z.B. mancherlei Tendenzen erkennen, die das Gesicht der Evangelien bestimmen: den Glauben an den Gottessohn, dessen göttliche Macht sich schon bei dessen Erdenwirken in geheimer Weise geoffenbart hat (Markus); das missionarische Streben, das der Christusbotschaft im Judentum und darüber hinaus auf der ganzen Erde Eingang verschaffen soll (Matthäus); die apologetische Absicht, mit der man die Lauterkeit Jesu vor den römischen Verwaltungsorganen nachweisen will (Lukas). Aber hat die Christengemeinde wirklich in großem Umfang schöpferisch gewirkt, wie es nach Bultmanns Analyse den Anschein hat? Hat sie nicht eher unter den vorgegebenen Stoffen eine bestimmte Auswahl getroffen und diese im Sinne ihrer Anliegen gestaltet? Ist der Aufriß des Wirkens Jesu, wie er zuerst von Markus gegeben und von Matthäus und Lukas im wesentlichen übernommen wurde, einfach eine freie Konstruktion, oder folgt er nicht tatsächlich den Stadien auf dem Lebenswege Jesu?[17] Mir scheint, die mit der Formgeschichte zusammen gehandhabte »methodische Skepsis« sei keineswegs unfehlbar und bedürfe ihrerseits der skeptischen Kritik. Ihr Ungenügen zeigt sich schon daran, daß über die Form und die Echtheit eines Jesuswortes von den Formgeschichtlern recht verschieden geurteilt wird. Selbst im Lager der Bultmannschüler herrscht alles andere als einhellige Übereinstimmung. Vielmehr finden mitunter recht heftige Auseinandersetzungen statt, in denen manches formgeschichtliche Echtheitsurteil der schärferen Logik zum Opfer fällt.[18]

Die Tatsache, daß der formgeschichtliche Nachweis allein die einwandfreie Scheidung zwischen echtem Jesuswort und späterer Gemeindebildung nicht ermöglicht, ist vor allem damit zu erklären, daß der »Sitz im Leben«, die Situation, in der solch ein Wort entstand, in beiden Fällen recht ähnlich ist. Denn beide, Jesus und die ersten Christen, standen im Bann der Endzeiterwartung; beide predigten das Kommen Gottes, die Auferstehung von den Toten und das Jüngste Gericht. Und beide sahen das endzeitliche Handeln Gottes und die von ihm her geforderte Buße des Menschen im Licht der Botschaft des Alten Testaments. Ferner muß man bedenken, daß unser Wissen von Glauben und Hoffen, von Gottesdienst und äußerer Ordnung der ersten Christengemeinden recht lückenhaft ist. Sucht man es mit Hilfe von Material zu erweitern, das durch formgeschichtliche Scheidung aus den Evangelien und den Paulusbriefen herausgelöst ist, so bewegt man sich notwendigerweise in einem methodischen Zirkel: Es wird bereits als normierende Größe benutzt, was doch erst als Ergebnis des Forschens ans Licht treten soll.

Nach dem Urteil der Bultmannschüler muß das echte Jesuswort nicht nur von Geist und Ordnung der Christengemeinde, sondern auch vom Denken des zeitgenössischen Judentums deutlich abgehoben sein; es darf dazu keine rabbinische Parallele geben. Auch dieses Kriterium kommt mir bedenklich vor. Denn macht man Ernst damit, daß Jesus Jude war und »der Beschneidung gedient hat« (Röm 15,8), so wird man ihm gern auch Worte und Vorstellungen zugestehen, wie sie seinen Landsleuten geläufig waren oder ähnlich von anderen Frommen seiner Zeit gelehrt worden sind.

g) Beachtenswerte Einwände gegen die Formgeschichte und die mit ihr verbundene Skepsis werden zur Zeit von den skandinavischen Neutestamentlern Harald Riesenfeld[19] und Birger Gerhardsson[20] gemacht; Rainer Riesner ist ihnen in seinem viel beachteten Buch »Jesus als Lehrer« (Tübingen [4]1990) gefolgt. Nach ihrer Meinung muß man die neutestamentliche

Tradition im Lichte des jüdischen Schulbetriebs zur Zeit Jesu sehen. Die Rabbinen waren peinlich darauf bedacht, daß ihre Lehre wortgetreu überliefert werde. Deshalb kleideten sie ihre Sätze in behältliche Form und ließen sie von ihren Schülern rigoros repetieren; gelegentlich wurden auch schriftliche Notizen gemacht. Es galt der Spruch: »Weit besser als der, der seinen Abschnitt hundertmal studiert, ist derjenige, der ihn hunderteinmal studiert.«[21] Der Schüler verehrte im Lehrer den Träger der am Sinai empfangenen Tradition; er war deshalb beflissen, die Lehre Wort für Wort in sein Gedächtnis einzugraben und sich damit selbst in die Kette der Tradenten einzugliedern. Nach dem Urteil dieser drei Forscher folgte auch die Jesusüberlieferung ähnlichen Gesetzen. Sie war von Anfang an fest geprägt, bisweilen bewußt rhythmisch und damit behältlich durchgestaltet; sie galt als »heiliges Wort«. Was die Jünger zu Jesu Füßen lernten, wurde später im Gottesdienst der Gemeinde feierlich rezitiert. Als Wort des Christus, des Erlösers der Endzeit und zweiten Mose, hatte es bei den Christen die Geltung, die man in rabbinischen Kreisen der am Sinai gegebenen mündlichen Überlieferung, ja dem schriftlich aufgezeichneten Gesetz selbst, zumaß.

Diese Hinweise sind beachtlich. Aber die daraus gezogenen Folgerungen dürfen nicht zu weit gehen. Denn neben solch einer gesetzlich gehandhabten Überlieferungstreue finden sich auch manche Zeichen schöpferischer Freiheit. Schon im Wüstenkloster Qumran, von dem wir noch mehr hören werden, waren wichtige Schriften in mehreren Ausgaben vorhanden, die durchaus keine sklavische Bindung an das überlieferte Gut verraten. Und im Talmud können zwar kürzere oder längere Traditionsstücke oft an einer anderen Stelle oder in anderem Zusammenhang fast im selben Wortlaut erscheinen; sie können aber auch in Einzelheiten abweichen. Die Lehrer der Mischna, der ältesten schriftlich abgefaßten Sammlung des jüdischen Rechts, konnten die gleiche Weisung in verschiedener Form darstellen.[22] Auch das Neue Testament zeigt beides: die Genauigkeit der mündlichen Tradition und die Freiheit des sie verwendenden Evangelisten. Für die Zuverlässigkeit der Tradition spricht einmal, daß an den wenigen Stellen, an denen Paulus auf ein Herrenwort verweist, sich eine entsprechende Aussage bei den Synoptikern findet[23]; ferner macht der Apostel einen klaren Unterschied zwischen einem eigenen Urteil und einem überlieferten Wort des Herrn (1Kor 7,10–11; 7,25). Markus erzählt ähnliche Geschichten in fast stereotyper Form; er vermeidet die Abwechslung, wahrscheinlich deshalb, weil er der mündlichen Überlieferung »ängstlich folgt«.[24] Wie bekannt, haben Matthäus und Lukas über den von Markus übernommenen Stoff hinaus anderes Material, meist Worte Jesu, in ihre Evangelien eingebaut. Gewöhnlich nimmt man an, sie hätten ein zusätzliches Urevangelium, die sogenannte »Redequelle«, benutzt. Aber die Art, wie beide das außermarkinische Gut verwenden, läßt eher vermuten, daß sie aus einem Reservoir mündlicher Überlieferung schöpfen konnten.[25] Diese Überlieferung war exakt, aber die Evangelisten haben sie in verschiedener Weise geordnet, eingefügt und manchmal auch interpretiert. Dreimal wird in der Apostelgeschichte die Bekehrung des Paulus vor Damaskus erzählt.[26] Lukas denkt gar nicht daran, sie mechanisch, im genau gleichen Wortlaut, zu wiederholen. Er variiert in Einzelheiten, läßt hier etwas weg, setzt dort etwas Neues hinzu und fügt dadurch den Bericht besser in den jeweils verschiedenen Rahmen ein. Aber der wesentliche Aussagegehalt bleibt in allen drei Fällen gleich.

h) Ratsam ist es, daß man bei der Beurteilung des neutestamentlichen Schrifttums und auch beim Problem des historischen Jesus das Denken des Spätjudentums nachvollzieht und nicht einfach den Gesetzen moderner Logik folgt. Die wichtigsten Prolegomena zum historischen Jesus schrieb das Judentum seiner Zeit. Grundlegend für das Verständnis Jesu ist das Alte Testament. Denn die Jünger und Jesus selbst lebten, genauso wie die Pharisäer, die Essener und die Zeloten, im Alten Testament. Das war für sie das Buch der Bücher; Gott selbst sprach zu ihnen durch den Mund Moses und der Propheten, und das um so mehr, als nach dem Urteil vieler der Heilige Geist und das Wort von Propheten in der Gegenwart nicht länger offenbarend wirksam waren. Die Tatsache, daß die Juden in hellenistischer und römischer Zeit mit anderen Völkern in Berührung kamen und ihr Horizont sich noch stärker als seither weitete, tat der Autorität der Heiligen Schrift keinen Abbruch. Im Gegenteil: Man war nun bestrebt, der Tora eine universale Bedeutung zu geben, in ihr das Himmel und Erde durchwaltende und zusammenhaltende Grundgesetz zu sehen. Sie galt zur Zeit Jesu nicht nur als Anweisung zum seligen Leben, sondern auch als das Buch, das alle wissenschaftliche Weisheit der Welt in sich schloß, sofern man es recht zu lesen und seine Geheimnisse zu deuten verstand. Die Propheten schätzte man als inspirierte Kommentatoren der Tora, und die von ihnen verkündigten Heils- und Unheilsworte wiesen über sich hinaus auf das gegenwärtige, letzte Geschlecht: Sie waren für die »zur Warnung geschrieben, denen das Ende der Welt nahe bevorstand«[27]. Das Wort der Schrift deutete einmal die Gegenwart und verknüpfte ihre Situation eng mit der von Gott gelenkten Geschichte der alten Zeit. Aber es galt auch als ein Licht auf dem Weg des Frommen und leuchtete dessen Handeln vorauf. Mit ihrem Schicksal und Wirken wurden die Gottesmänner der Bibel das Vorbild derer, die sich jetzt in den heiligen Dienst gestellt wußten.

Ferner muß man mit der Auslegung des Alten Testaments zur Zeit Jesu vertraut sein; gerade sie hat das Gesicht der religiösen Gruppen des Frühen Judentums wesentlich geprägt. Der Geist dieses Judentums ist durch die Auslegung der hebräischen Bibel geschult; er bewegt sich in anderen Bahnen als die Logik moderner Wissenschaft. Weil der jüdische Denker die in der Schrift enthaltenen, recht verschiedenartigen Zeugnisse als das organische Ganze des Gotteswortes verstehen gelernt hatte, war er imstande, auch da Zusammenhänge zu finden, wo wir nur Gegensätze sehen. Anders als der moderne Forscher, der sondert und zerlegt, um kleinste, ursprünglich selbständige Einheiten innerhalb der biblischen Bücher herauszufinden, verband der jüdische Schriftgelehrte selbst das, was uns unversöhnlich scheint, mit den Seilen spekulativer Frömmigkeit. Er freute sich der durch Kombination gewonnenen exegetischen Fündlein und seiner sich ständig erweiternden Einsicht in das Geheimnis der Offenbarung, die, wie Gott selbst, letztlich eins sein muß.

Am eindrucksvollsten – schon dem äußeren Umfange nach – erscheint die exegetische Arbeit der Rabbinen; sie hat in den Midraschim – Kommentaren vor allem zu den 5 Büchern Mose – und in den Rechtssammlungen der Mischna, Tosefta und der beiden Talmude ihren Niederschlag gefunden. Die Kenntnis dieses schwer übersehbaren und nicht leicht verständlichen Schrifttums wird zu einer immer dringlicheren Pflicht für den Forscher und Lehrer des Neuen Testaments.[28] Freilich stammt der Großteil des rabbinischen Materials aus späterer Zeit, aus dem 2.–5. Jahrhundert n.Chr. Was die Sadduzäer und Pharisäer zur Zeit Jesu glaubten und lehrten, geht nicht ohne weiteres aus den rabbinischen Werken klar hervor. Die Zerstörung Jerusalems bedeutete einen Bruch; vor allem wurde die Hoffnung auf das baldige Kommen des Messias und des Endgerichts stark gedämpft.

Ungebrochen erscheint die Erwartung der großen Wende und des Triumphes von Wahrheit und Recht in der sogenannten Apokalyptik, einer spekulativen Frömmigkeit, die aus Schriften geheimer Offenbarungen über das Ziel der Geschichte zu uns spricht. Die wichtigsten dieser Schriften sind Daniel, das Jubiläenbuch, der Äthiopische Henoch und der 4. Esra.[29] Die gleiche Hoffnung glühte in den Verfassern der Rollen vom Toten Meer. Diese Schriften, die in den Jahren nach dem Zweiten Weltkrieg in Höhlen am Toten Meer entdeckt wurden, werden in diesem Buch häufig erwähnt.[30] Ihre Bedeutung für das Verständnis des Neuen Testaments und des Wirkens Jesu kann gar nicht hoch genug eingeschätzt werden, obwohl in ihnen das spezifisch Christliche: das Bekenntnis zu Jesus als dem Messias, fehlt. Ja, nicht einmal der Name Jesu wird in ihnen erwähnt. Aber man kann das auch gar nicht erwarten, denn diese Schriften sind vor der Zeit von Jesu Wirken verfaßt. Dennoch sind sie ungemein wichtig. Sie stammen von der Mönchsgemeinde von Qumran – so heißt heute die am Westrand des Toten Meeres gelegene Ruine, die vor zweitausend Jahren ein jüdisches Kloster barg. Mit dieser Mönchsgemeinde steht plötzlich vor unseren Augen das Bild einer noch zur Zeit Jesu und unweit von Jerusalem lebenden Gruppe, die von ähnlichen Erwartungen wie Jesus und dessen Jünger erfüllt war. Manches Zeugnis der Evangelien erscheint nun in neuem Licht.

i) Auch in methodischer Hinsicht sind diese Schriften vom Toten Meer nicht uninteressant. Die Männer von Qumran, die in ihnen zu Wort kommen, müssen mit der jüdischen Sekte der Essener gleichgesetzt werden, die vom Philosophen Philo, einem Zeitgenossen Jesu, und dem etwas später lebenden Historiker Flavius Josephus beschrieben worden sind.[31] Beide, Philo und Josephus, haben ihre Berichte nicht als Angehörige der Mönchsgemeinde, sondern als außenstehende Betrachter abgefaßt. Dennoch waren sie nicht etwa neutral und innerlich unbeteiligt, sondern von Stolz auf ihre tugendhaften Landsleute erfüllt. Philo stellte die Essener seinen griechisch gebildeten Lesern als leuchtendes Vorbild vor Augen. Er war davon überzeugt, das Ziel einer wahrhaft freien Existenz, wie es von der zeitgenössischen Philosophie erstrebt wurde, sei gerade in dieser, den alttestamentlichen Vätern verpflichteten Gemeinschaft der Essener erreicht. Philo bot somit seinen Bericht als eine Art Kerygma, das um existentiellen Nachvollzug warb. Jedoch beweist das in den Schriftrollen vom Toten Meer zutage getretene Selbstzeugnis der Essener, daß Philos »Kerygma« auf historisch zutreffenden Tatsachen ruht. Oft heben sich die Fakten schon stilistisch von den deutenden Zutaten des Philosophen ab. Josephus hat weniger interpretiert und den historischen Tatsachen mehr Raum gegönnt. Aber selbst da, wo er die essenische Eschatologie bewußt mit der griechischen Lehre vom Schicksal der Seele nach dem Tode vergleicht, dichtet er nicht, sondern bleibt auf dem Boden der Wirklichkeit. Überhaupt ist es wunderbar, wie trefflich das in den Schriftrollen vom Toten Meer enthaltene Selbstzeugnis der Essener durch die Berichte der beiden außenstehenden Beobachter ergänzt wird: Ohne ihren Beitrag wäre unser Bild von der Mönchsgemeinde in Qumran ungleich blasser und vielleicht sogar falsch.

k) Ein ähnlicher Vergleich ist auch aufgrund der neugefunde- nen koptisch-gnostischen Dokumente von Nag Hammadi (Oberägypten) möglich. Die christliche Gnosis war uns bisher vor allem durch das Zeugnis von Kirchenvätern wie Irenäus, Tertullian, Hippolyt und Epiphanius bekannt. Sie alle waren erbitterte Gegner dieser Irrlehre und standen darum von jeher im Verdacht, ein verzerrtes, von bewußtem Nichtverstehen- Wollen bestimmtes Bild von der Gnosis gezeichnet zu haben. Aber trotz aller Polemik haben die Kirchenväter die verschie- denen gnostischen Richtungen nicht ganz unzutreffend cha- rakterisiert. Eine der Hauptschriften von Nag Hammadi, das »Apokryphon des Johannes«, hat in seinem griechischen Ori- ginal dem Irenäus bei der Abfassung eines Abschnittes in sei- nem Buch »Gegen die Häresien« als Vorlage gedient.[32]

Beide, Kerygma und Polemik, verwerten demnach histori- sche Fakten und können auf diese hin befragt werden. Auf sol- che Tatsachen ist auch unser Wissen vom historischen Jesus gegründet; sie erlauben die Darstellung seines Wortes und Werkes. Die führenden Neutestamentler Deutschlands haben sich heute mit großer Energie der Hermeneutik, der Kunst der Auslegung, zugewandt und sich auf das Problem konzen- triert, wie die Botschaft der Bibel dem modernen Menschen als Wort Gottes verkündigt werden muß. Zweifellos rührt das schwindende Interesse an der Kirche nicht zuletzt daher, daß ihre Predigt als belanglos betrachtet wird, und schon deshalb ist es wichtig, die Heilige Schrift so zur Sprache zu bringen, daß sie richtungsweisend in das Leben und Denken des Hörers eingreift. Dennoch darf die Frage, wie es eigentlich gewesen ist, nicht überhört werden; auch im Interesse des Kerygmas sind die historischen Tatsachen von Belang.

B. Der Anfang des Evangeliums: Das Warten auf den Messias

1. Johannes der Täufer und die Wüstengemeinde von Qumran

Es steht fest, daß Jesus sich von Johannes dem Täufer hat taufen lassen, und daß er die Predigt dieses Mannes fortgesetzt hat (Mk 1,9.14.15). Das bedeutet jedoch, daß sein Wirken im Zeichen der Enderwartung stand[33], wie das des Täufers und wie das Leben der Wüstengemeinde von Qumran.

a) Auf Weissagungen, wie sie vor allem die letzten Kapitel der Bücher Ezechiel und Daniel boten, war in diesen Kreisen die Gewißheit gegründet, Gottes Ankunft zu Gericht und Erlösung stehe unmittelbar bevor. Diese Überzeugung entband eine die ganze Lebensführung umgestaltende Kraft. In Qumran wirkte sie sich als Bußgesinnung, als ein Umdenken im Lichte der Gottesbegegnung aus. Ein jeder suchte das Wohlgefallen Gottes zu gewinnen und wurde dessen versichert, daß dies nur in der Gemeinschaft der Heiligen, der von Gott Erwählten, möglich sei. Nur der Heilige und Engelgleiche, der Mann mit reinem Herzen und mit reinem Leib, kann in Gottes Gegenwart bestehen – das war der Grundsatz, der die Enderwartung der Essener bestimmte; seine Ausführung aber entnahm man dem Alten Testament. Von der Weisung für den Priester, der vor Gottes heiliger Majestät im Tempel dient, und von den Bestimmungen für die Heerscharen Israels im Heiligen Krieg leiteten die Männer von Qumran die Grundregeln für ihre vielbewunderte mönchisch-asketische vita communis, ihr gemeinsames Leben, ab: für die Waschung des Leibes und den Verzicht auf die Ehe, für die Gütergemeinschaft mit gemeinsamer Arbeit und gemeinsamem Mahl.[34] Was im Alten Testament für den Priester gilt, wurde nun in Qumran auch auf die Laien ausgedehnt. Dieser exegetische Schritt war wesentlich durch das Zeugnis vom Kommen Gottes zum Berg Sinai bestimmt. Als Gott mit Israel einen Bund schloß und ihm das Gesetz gab, befahl er dem Volk, sich durch Waschen der Gewänder und eine dreitägige geschlechtliche Askese vorzubereiten (2Mo 19,10–11.14–15). Weil aber für die Männer in Qumran das genaue Datum der Ankunft Gottes verborgen war und ein jeder Augenblick in diesem Weltlauf auch der letzte sein konnte, mußten sie ständig in Bereitschaft stehen. Der heilige Dienst, der im Alten Testament nur für bestimmte Menschen und lediglich für eine kurze Zeit vorgesehen ist, konnte im Zeichen der Enderwartung nicht mehr abgebrochen werden; aus der befristeten Heiligung wurde so die weltabgeschiedene, mönchische Existenz.

Auch die Art, wie Gottes Kommen zum Sinai geschildert ist, und den Bundesschluß nahm man als Hinweis auf das Geschehen am Ende der Zeit: Wie damals wird Gott, von Blitz und Donner begleitet, niederfahren und alle Unreinen durch den Feuerglanz seiner Herrlichkeit vernichten; mit den erwählten Frommen aber erneuert er den Bund und schließt sie mit den Engeln zu einer ewigwährenden Gemeinde der Heiligen zusammen. Dann endlich hätte Israel sein Ziel erreicht, die Bestimmung erfüllt, die ihm einst am Sinai genannt worden war und seitdem seinem Gang durch die Geschichte vorausgeleuchtet hatte: ein Königreich von Priestern und ein heiliges Volk zu sein (2Mo 19,6).

Weil Gott sich am abgelegenen Berg Sinai geoffenbart hatte und gerade bei Israels Wanderung durch die Wüste wunderwirkend gegenwärtig war, schlugen auch die auf ihn wartenden Männer von Qumran in der Wüste, am einsamen Toten Meer, ihr Lager auf. Wie die Israeliten einst aus dem fruchtbaren, aber gottlosen und tyrannisch gewordenen Ägypten geflohen waren, so trennten sich die Essener von den bewohnten Gegenden Israels und zogen hinaus in die Wüste; das Kulturland galt ihnen als unrein und von bösen Mächten beherrscht. In diesem Entschluß wurden sie durch den Befehl des geheimnisvollen, vom Propheten angekündigten Rufers bestärkt: »In der Wüste bereitet dem Herrn den Weg!« (Jes 40,3). Die Wegbereitung deuteten sie als das unentwegte Forschen nach dem Willen Gottes, wie er aus der Heiligen Schrift abzulesen war.[35] Freilich war man sich in Qumran darüber klar, daß alles fromme Streben letztlich unvollkommen blieb. Denn in dieser letzten bösen Zeit faßte der Teufel noch einmal alle Kraft zusammen und griff die Gemeinde der Gerechten an, um sie durch Versuchung und Drangsale aller Art zu erschüttern. Die Rettung war deshalb Gottes Geschenk. Bei seiner Ankunft würde er die Auserwählten mit dem Heiligen Geist wie mit Reinigungswasser waschen und sie von jedem Geist des Irrtums befreien.[36]

b) Die Evangelisten führen Johannes den Täufer mit dem für Qumran so bedeutsamen Wort Jes 40,3 ein. Sie sahen in ihm den Rufer, dessen Stimme in der Wüste erschallte und den Weg für das Kommen Gottes bereiten hieß (Mk 1,2–4 par), ja, den Mann, der im Geist und in der Kraft Elias dem Herrn ein wohlgerüstetes Volk schaffen sollte (Lk 1,16–17). Johannes predigte Buße, d.h. er rief dazu auf, dem Trachten des Herzens eine andere Richtung zu geben, das Leben im Licht des bald hereinbrechenden Gerichtes zu sehen. Die Büßer wurden von ihm im Jordan getauft und verstanden dieses Tauchbad als das äußere Zeichen ihres Sinneswandels und der von Gott geschenkten Vergebung der Schuld.

Der Täufer war mehr als irgendeiner der Männer von Qumran, so nahe er diesen in räumlicher und geistiger Hinsicht auch stand. Zwar lebte er wie sie in der Wüste, aß Heuschrecken und wilden Honig und bekleidete sich mit einem Gewand von Kamelhaar, wie das bei den Nomaden üblich war (Mk 1,6 par). Das Motiv dieser asketischen Lebensweise wird von Qumran her klar: Als der Sohn eines Priesters war Johannes – genauso wie die von Priestern geführten Essener – auf die levitische Reinheit seiner Person bedacht. Um sich von der Welt unbefleckt zu erhalten, mußte er wirtschaftlich unabhängig sein. Aber sein Bußruf galt der Welt, war auch an die Menschen gerichtet, die man in Qumran praktisch abgeschrieben hatte. Der Täufer zeigte, daß der gnädige Gott auch außerhalb von exklusiven Heilsgemeinden zu finden war. Jedem gab er die Möglichkeit, sich Gott zuzuwenden und dem kommenden Zorngericht zu entfliehen (Lk 3,7–8).

Auch hielt Johannes die Büßer nicht zu einem mönchisch-asketischen Leben in der Wüste an, sondern sandte sie in ihren alten Stand und Beruf zurück (Lk 3,10–14); nur ein engerer Kreis von Jüngern blieb draußen bei ihm. Während diese wohl – wie die Frommen in Qumran – sich dem täglichen Tauchbad unterzogen, bot Johannes den aus dem Kulturland zu ihm strömenden Juden die nur einmal vollzogene Taufe der Buße an (Mk 1,4). Diese muß man als äußeres Zeichen für ein neues Leben und als Unterpfand für die Vergebung im kommenden Gericht verstehen (Mt 3,7–10). Die Getauften hofften darüber hinaus auf einen endzeitlichen Akt vollkommener Läuterung: Der nach dem Täufer kommende »Stärkere«, der Messias, wird die Büßer mit dem Heiligen Geist taufen (Mk 1,7f). Wegen dieser eindrucksvollen Predigt und Tauftätigkeit wurde der Priestersohn Johannes vom Volk »der Täufer« genannt.

Die Christen sahen in ihm auch den Wegbereiter des Messias, des nach Johannes kommenden »Stärkeren«. Man hält das Messiaszeugnis des Täufers gern für eine spätere Zutat der an Christus glaubenden Gemeinde. Aber die geheimnisvolle Rede vom »Stärkeren« (Mk 1,8) oder vom »Kommenden« (Mt 11,3) ist sicher keine christliche Bildung. Und auch Flavius Josephus bestätigt – wenigstens indirekt – die messianische Verkündigung des Täufers: Er habe durch seine Predigt die Hörer in Hochstimmung versetzt und eben dadurch den Landesfürsten, Herodes Antipas, alarmiert (Ant 18,118). Das Volk mußte gespürt haben, daß ihm die baldige Erlösung durch den Messias und der Umsturz der bestehenden Verhältnisse verheißen wurde. Aber war denn Jesus wirklich der Messias? Trat er nicht recht unscheinbar und demütig auf, so daß der inhaftierte Täufer zweifelte und durch seine Jünger Jesus fragen ließ: »Bist du, der da kommen soll?« (Mt 11,3).

2. Der Kommende

Jesus tat den Schritt, den auch der Täufer nicht gewagt hat: Er wirkte in der Welt; die Wüste war für ihn nur noch ein gelegentlicher Zufluchtsort. Die Evangelisten berichten, wie Jesus nach der Verhaftung des Täufers nach Galiläa ging und dort öffentlich zu verkünden begann: »Tut Buße, denn das Himmelreich steht vor der Tür!« (Mt 4,17). Die Mahnung Gottes in Jes 56,1 wird in diesem, die Predigt Jesu zusammenfassenden Wort aktualisiert: »Haltet das Recht und tut Gerechtigkeit; denn Mein Heil ist nahe, daß es komme, und Meine Gerechtigkeit, daß sie offenbar werde!« Jesus wußte: Bald bricht die Herrschaft Gottes an; mit ihr werden Sein Heil und Seine rettende Gerechtigkeit offenbart. Das erfordert, daß wir zuerst nach dieser neuen Herrschaft trachten und die bessere, helfende Gerechtigkeit zum Maßstab unseres Lebens machen (vgl. Mt 6,33); diese »Buße«, Sinnesänderung, bedeutet praktisch, daß wir Gottes Recht halten und Seine Gerechtigkeit tun (Mt 6,1ff nach Jes 56,1).

Jesus trat zuerst in seiner Heimat und nicht etwa in Jerusalem auf. Nach dem Urteil der Juden kam Galiläa als Heimat und Wirkungsstätte großer Männer und gar des Messias kaum in Betracht[37]; es galt als Galiläa der Heiden, als Land derer, die im Schatten des Todes wohnen (vgl. Mt 4,15–16). Dennoch zog Jesus dorthin; ja, er schreckte vor den dunkelsten Orten des jüdischen Lebens nicht zurück und tat auch den verachteten Zöllnern und den Dirnen das Tor zur Buße und zu neuem Leben auf. Diese Menschen waren von den frommen und angesehenen Bürgern nicht nur durch die Schranke des Anstandes und der guten Sitte getrennt; vielmehr stand beim Verkehr mit ihnen die Reinheit des Gerechten, seine Zugehörigkeit zum Bereich des Heiligen und Göttlichen, auf dem Spiel. In Qumran wurde ein Bewerber erst nach dreijähriger Bewährungszeit in die Reihe der Vollmitglieder aufgenommen und zu deren Mahl zugelassen; bis dahin galt er immer noch als unrein. Jesus aber aß mit den Zöllnern und rief einen vom Zoll weg als Jünger zu sich (Mt 9,9–10). Diese ungewöhnliche, den jüdischen Frommen schockierende Gemeinschaft mit den Sündern muß als besonders charakteristisches Merkmal des historischen Jesus beurteilt werden. Und eben dieses Verhalten führte fast zwangsläufig dazu, daß Jesus mit den Vorschriften für die äußere Reinheit, die von beiden, Pharisäern und Essenern, so peinlich beachtet wurden, in Konflikt geriet (Mk 7,1–23 par). Jesus kam auch nicht als überlegener Prediger und Täufer, sondern ließ sich selbst von Johannes taufen. Und bei diesem Tauchbad im Jordan empfing er die den Büßern verheißene endzeitliche Gabe des Heiligen Geistes, und zwar nur er allein (Mk 1,9–11). Die Berichte der Evangelien wollen mit den übernatürlichen Zeichen – dem geöffneten Himmel, dem herabfahrenden Heiligen Geist und der geheimnisvollen Stimme Gottes (Mk 1,10f) – die geschichtliche Tatsache deuten: Dieser Jesus ist der »Gesalbte«, der von Gott bestimmte Messias. Durch das Bild der auf ihn herabkommenden Taube wird – im Unterschied zur Geisttaufe der Gerechten – die punktuelle, nur ihm geltende Verleihung des Heiligen Geistes bezeichnet. Auch die »Himmelsstimme« wendet sich speziell an ihn, der von Gott als Sohn deklariert und adoptiert wird (vgl. 2Sam 7,14; Ps 2,7). Kennzeichen des nun beginnenden öffentlichen Wirkens Jesu war das Messianische. Er hat sich zwar nicht direkt als Messias verkündigt. Aber er handelte von Anfang an mit der Vollmacht des Geistgesalbten und von Gott Gesandten; historisch gesehen ging sein Sendungsbewußtsein sicherlich auf das Tauferlebnis zurück.

Aber die messianische Vollmacht wurde im Dienst am notleidenden Volk bewährt. Den ihn suchenden, körperlich und seelisch gebrochenen Menschen sprach er die Vergebung der Sünden zu, und zwar mit sofortiger Wirkung (Mk 2,5; Lk 7,48; vgl. 19,9).

Als äußeres Zeichen für dieses Heilsangebot diente die wunderbare Heilung von Krankheiten und Gebrechen (Mk 2,1–12), ferner die Tischgemeinschaft mit Zöllnern und Sündern. Die letztere bedeutet mehr als ein Aufrichten moralisch Gefallener und deren Rehabilitierung auf Zeit. Denn wer mit Jesus und seinen Jüngern zu Tische saß, war ein Gast des Messias und sollte dereinst am Mahl im Gottesreich teilnehmen. Und weil Jesus sich als Messias gesandt wußte, darum hat er sich um die Außenseiter der Gesellschaft: Aussätzige, Zöllner und Sünder, bemüht. Denn der Messias ist der wahre Hirte Israels, der die verlorenen Schafe sucht, die schwachen stärkt und die kranken heilt (Mt 15,24; Lk 15,3–8; Hes 34,4).

In Qumran hat man sich vor allem an den priesterlichen Ordnungsbestimmungen in Hes 44 orientiert und die Heiligung des Gottesvolkes erstrebt. Dagegen sah Jesus im Hirtenkapitel Hes 34 die Magna Charta für sein messianisches Tun (Mt 15,37) und wollte, daß Israel heil und ganz werde an allen Gliedern. Er wußte, daß die Kranken des Arztes bedürfen und nicht die Gesunden (Mk 2,17). Und als der Gesalbte mußte er Ernst damit machen, daß die Herrschaft Gottes nahe herbeigekommen (Mt 4,17), ja, mit seinem Wirken in der Kraft des Geistes schon angebrochen war (Mt 12,28). Manches, was seinen Landsleuten höchst anstößig vorkam – auch das, was ihn von den Pharisäern, Essenern und auch von Johannes dem Täufer trennte –, erklärt sich letztlich aus einem messianischen Sendungsbewußtsein. Im Vergleich mit dem Täufer, der »nichts aß und nichts trank«, wurde Jesus vom Volk ein »Fresser und Weinsäufer« genannt (Mt 11,18–19). Dieser Vorwurf hat nichts mit gesteigerter Lebensfreude und Genußsucht zu tun, sondern mit dem für Jesus gültigen Maß der Zeit: Die vormessianische Ära des Trauerns und Fastens war nun vorbei; Jesus verkündigte die Frohbotschaft von der erfüllten Zeit (Mk 1,15). Er konnte sich einem Bräutigam vergleichen, und die scheinbar »schlechte« Gesellschaft, in der er verkehrte, sollte den Gästen einer Hochzeit gleich sein, bei der man nicht etwa fastet, sondern zusammen mit dem Bräutigam fröhlich ist (Mk 2,19).

Befremdend wirkte auch, daß Jesus sich nicht an die Reinheitsgebote hielt. Diese waren in der Tora angeordnet; sie wurden dann von den Essenern und Pharisäern auf das Volk ausgedehnt: Sie sollten ganz Israel einen priesterlichen Dienst vor Gott ermöglichen, das Haus einem Heiligtum und den Familientisch einem Altar ähnlich machen (Jacob Neusner). Aber Jesus bezeichnete z.B. das rituelle Spülen der Hände vor dem Mahl als Menschensatzung (Mk 7,1–8); er behauptete auch – gegen die Speisevorschriften der Bibel! –, daß nichts, was von außen in den Menschen hineinkommt, ihn unrein macht (Mk 7,15). Diese Nichtbeachtung der rituellen Reinheit ist nicht zuletzt darin begründet, daß Jesus als Hirte Israels gerade auch unreine Menschen suchen, Sünder zur Buße rufen und sogar Aussätzige heilen wollte. Sie hängt ferner mit der grundsätzlichen Wendung zusammen, die Jesus angesichts der hereinbrechenden Gottesherrschaft vollzog: In der heilen Zukunft Gottes werden die Folgen des Sündenfalls aufgehoben und die aus den Fugen geratene Welt wieder in Ordnung gebracht. Das angesichts des nahen Endes notwendige Handeln wird deshalb am idealen Anfang, an der von Gott als sehr gut bezeichneten Schöpfung (1Mo 1,31), ausgerichtet. Vor dem Fall gab es keine Tiere, die man als unrein hätte ansehen müssen (vgl. Apg 10,11–15), und keine Speise, von der Adam im Paradies aß, hat ihn entweiht. Aus der Schöpfungsordnung las Jesus den wahren Willen Gottes ab und legte nach ihr das Gesetz Moses endzeitlich aus. In gewissen Geboten sah er gleichsam Notverordnungen für die gefallene, verstockte Menschheit: Gott mußte ihr Zugeständnisse machen, um Schlimmeres zu verhüten, so etwa mit dem von Mose gegebenen Gebot des Scheidebriefs (Mk 10,4–5 nach 5Mo 24,1). Als Adam und Eva noch wie liebe Kinder in der Gegenwart des himmlischen Vaters lebten, war solch ein Gebot nicht notwendig, und am Ende, wenn die Herrschaft Gottes offenbart werden wird, gibt es keine Kompromisse oder Zugeständnisse an das schwache Fleisch.

Diese Deutung des Gotteswillens war revolutionär; sie geht sicherlich auf Jesus selbst zurück. Denn die Urgemeinde in Jerusalem war demgegenüber zögerlicher; sie wagte von sich aus keinen die Tora »re-duzierenden« Schritt. Paulus hat als Konsequenz des Kreuzes das von Jesus gelehrte Liebesgebot zum »Gesetz Christi« gemacht (Gal 6,2; Röm 13,8–10); er bestätigte damit die Autorität des Messias, der die Armen mit Gerechtigkeit richtet und den Paradiesfrieden herbeiführen wird (Jes 11).

In das helle Licht der Schöpfungsordnung hat Jesus auch den Sabbat gestellt und dessen ursprünglichen Sinn erhellt. Im Judentum wurde der Ruhetag durch eine Fülle von Verboten abgesichert, in seiner Heiligkeit »sanktioniert«, während wir ihn heute eher durch Freizeitrummel und sonstige Betriebsamkeit entweihen. Nach Jesu Weisung sollte der Sabbat ein Tag der Ruhe, des Atemholens, der Erholung sein. Gott hatte ja selbst am Schluß der Schöpfungswoche innegehalten und den 7. Tag gesegnet, ihn geheiligt (1Mo 2,1–3); er hatte geruht, gleichsam »Atem geholt« (wajjinnapäsch 2Mo 31,17). Diesen merkwürdigen Ausdruck hat Jesus auch anders gelesen, nämlich wajenappesch (Piel): »Und Gott gab Leben«. »Er atmet aus« während seines Ruhens und verströmt Lebenskraft; dadurch trägt und erhält der Schöpfer seine Kreaturen gerade auch am Sabbat. Er »gibt« ihnen den »Lebensodem« (griech.: zoopoiei), damit sie sorglos sich der Ruhe hingeben können. Dem Beispiel des himmlischen Vaters folgte auch der messianische Sohn. Nach Mk 3,4 wollte er am Sabbat »Gutes tun und Leben retten«, d.h. heilen, was in der Gott entfremdeten Schöpfung »leblos«, lahm und krank geworden war; Jesus richtete wieder auf, was darniederlag (Mk 3,5). Als freier Herr über den Sabbat (Mk 2,28) diente und »schaffte« er für den Menschen gerade am Ruhetag, der für »den Menschen geschaffen worden war« (Mk 2,27). Nach dem Evangelium des Johannes hat Jesus dies noch deutlicher, geradezu provozierend, ausgedrückt: Der himmlische Vater »arbeitet bis jetzt«, auch in den 7. Tag hinein (Joh 5,17). Wir dürfen das so verstehen: Gott schafft Leben, auch am Ruhetag (vgl. 2Mo 31,17). Ebenso macht es der messianische Sohn, weil er wie der Vater und vom Vater »Leben hat in sich selbst« (Joh 5,19.26). Der Apostel Paulus verkündigte den auferstandenen und erhöhten Herrn als zweiten Adam und lebensschaffenden Geist (pneuma zoopoioun, 1Kor 15,45); der Evangelist Johannes sah im ewigen Logos den Spender des Lebens und Mittler der Schöpfung (Joh 1,3f). Diese christologische Aussage hat im Wirken Jesu ihren historischen Grund; sie tritt besonders deutlich in den Heilungen am Sabbat hervor. Jesus wollte den Ruhetag keineswegs entweihen, sondern ihn »wieder« aufrichten, ihn zur Geltung bringen in seinem anfänglichen, von Gott gestifteten Sinn. Deshalb hat er gerade am Ruhetag Gutes getan[38] und Menschen geheilt (Mk 3,1–6; Lk 13,10–17; 14,2–6; Joh 5,9); dadurch leuchtete auch das Heil der Ruhe Gottes, des endzeitlichen Sabbats, auf.

Schon beim irdischen Jesus zeigte sich demnach die Kraft, welche die Fesseln des kultisch-zeremoniellen, an heilige

Stätten und Zeiten gebundenen Denkens gesprengt und später die Mission und Massenbekehrung von Heiden ermöglicht hat. Diese universale Konsequenz von Jesu Handeln hat zunächst Paulus besser verstanden als die Jünger, die Jesus zu seinen Lebzeiten nachgefolgt sind.

C. Jesu messianischer Dienst für das Gottesreich

1. Der Bußruf als frohe Botschaft

Das Kommen des Gottesreiches, von Matthäus als »Himmelreich« umschrieben, war erstes Thema der Botschaft Jesu. Mit ihm verkündigte er, daß Gott sein königliches Regiment in Kürze auch auf Erden völlig durchsetzen und dem Bösen und allen Übeln ein Ende bereiten wird. Mit dem Einbruch der »Gottesherrschaft« – sie ist vor allem mit dem entsprechenden hebräischen oder aramäischen Ausdruck (malkhuth) gemeint – wird eine völlige Wende herbeigeführt; denn Gottes Handeln, sein Regieren, steht in schroffem Gegensatz zu allem Menschenwerk.

a) Die Königsherrschaft Gottes nimmt schon im Glauben Israels eine zentrale Stelle ein. Sie wird besonders in den Psalmen gefeiert[39]; Gottes Regiment bedeutet Sicherheit gegenüber den Mächten des Chaos, die den Bestand der Welt bedrohen, und Sieg über die Feinde Israels. Es währt ewig, muß jedoch immer wieder von neuem aufgerichtet und allen Menschen manifest gemacht werden. Als endzeitliches Ereignis, als endgültige Ablösung der tyrannischen Weltreiche erscheint die königliche Herrschaft Gottes auch in den Schriften der frühjüdischen Apokalyptik.[40] Aufs Ganze gesehen, ist jedoch der Begriff »Gottesherrschaft« selten, sowohl im Alten Testament als auch in der Apokalyptik. In den Rollen vom Toten Meer fehlt er fast ganz[41]; Paulus gebraucht ihn wenig, und bei den Rabbinen hat er viel von seinem eschatologischen Glanz eingebüßt. Schon aus diesem Grunde ist nicht zu bezweifeln, daß er besonders eng zur Botschaft Jesu gehört.

b) In Qumran dachte man vor allem an das große Strafgericht, an Erdbeben und Weltenbrand, wenn man von der großen Wende sprach, und an die eigene Gemeinde, wenn man auf das Heil für die Frommen sah. Die Gemeinde der Gerechten bildete die Brücke zwischen der dunklen Gegenwart und der glanzvollen Gotteszeit; sie war darum der erste Gegenstand des Glaubens. Jesus – und vielleicht schon Johannes der Täufer – sprach dagegen von der Gottesherrschaft, in der er sich als Herr der Völker sichtbar offenbart. Da Gott die große Wende herbeiführt, steht es allein bei ihm, wann das geschehen und wie die neue Ära aussehen wird.

Die Lehre von Qumran und der Ruf des Täufers hatten vor allem aufschreckende Gewalt: sie drohten mit dem kommenden Gericht und dem verzehrenden Ausbruch des Gotteszorns; radikale Buße blieb als letzte Möglichkeit, zu bestehen. Solche Predigt forderte den Hörer dazu auf, sich zu entscheiden; sie hatte auch scheidende Kraft. Bei vielen erntete der Lehrer von Qumran lediglich Hohn und Spott; aber er wußte, er sei den Verächtern und Frevlern zur Falle, zum Verhängnis im Gottesgericht, bestellt. Den Einfältigen aber, die ihr Herz erschüttern ließen, verkündete er die Frohbotschaft von Gottes Erbarmen und der Vergebung.[42] Alles kam auf die Buße, die Abkehr vom alten Leben, an; das Bekenntnis der Sünden spielte eine wichtige Rolle (Gemeinderegel 1,22–24). Positiv betrachtet, war Buße die Hinwendung zum mosaischen Gesetz, wie es in der Gemeinde gedeutet und in der Gemeinschaft der Erwählten verwirklicht wurde; es galt, die »Wahrheit«, den radikal verstandenen Gotteswillen, anzunehmen und zu tun. Die Bußgesinnung führte darum zum Entschluß, um Aufnahme in die Qumrangemeinde nachzusuchen, weil nur dort rechtschaffene Früchte der Buße gebracht werden konnten (Gemeinderegel 5,1–11). Auch die Rabbinen betonten die Buße: sie zählte mit zu den sieben Dingen, die noch vor der Erschaffung der Welt aus Gottes Rat hervorgegangen sind.[43]

c) Jesus hat ebenfalls vom Gericht gepredigt. Er hat ferner Hochmut und Verstockung als schwerste Sünden gebrandmarkt (Mt 12,39–42) und dem Mann mit zerschlagenem Herzen Gottes vergebende Güte verheißen (Lk 18,9–14). Aber Jesus verkündigte Buße als frohe Botschaft; nach Markus predigte er »das Evangelium Gottes«, als er in die Fußstapfen des Täufers trat (Mk 1,14). »Evangelium« bedeutet Einladung an alle, Gottes Vergebung anzunehmen und aus ihr zu leben. Bedachte man in Qumran die beiden Lager von Bußfertigen und Verstockten mit Segen und Fluch (Gemeinderegel 2,1–10), so sprach Jesus Seligpreisungen und Wehe aus (Lk 6,20–26). Das meint, daß er die Norm des göttlichen Richtens verkündigte, aber nicht selber richtete, niemanden dem strafenden Zorn Gottes überliefert hat.

Die Gegenwart galt ihm als Kairos, als entscheidende Zeit, die aber auch von der Geduld und Güte Gottes geleitet ist. Den Eifer der Zeloten, die selbst das Heft in die Hand nehmen und auf Israel und Gott Druck ausüben wollten, teilte er nicht. Gott wird nicht dadurch verherrlicht und zu endzeitlicher Eile angetrieben, daß man den Acker der Welt gewaltsam vom Unkraut befreit und die Fische schon auf dem Meer aus dem Schleppnetz heraussortiert (Mt 13,24–30.47–50). Vielmehr soll jeder – wie ein Sämann – nach Gottes Zeitordnung leben und warten, bis die Ernte gekommen ist (Mk 4,26–29). Ähnlich dachten auch die Frommen in Qumran. Sie erfuhren schmerzlich, daß »die letzte Zeit sich in die Länge zieht« (vgl. Hab 2,3). Aber man sollte deshalb nicht müde werden, »denn alle Zeiten kommen nach ihrer Ordnung, die Gott für sie festgesetzt hat« (1 Qp Hab 7,7–14).

Lehrte man in Qumran, alle Erwählten zu lieben, die von Gott Verworfenen aber zu hassen (Gemeinderegel 1,3–4), so verbot Jesus den verurteilenden Haß, sogar den Haß gegen den Feind, und forderte die Fürbitte statt des Fluchs (Mt 5,44). In Qumran sammelte man die Erwählten und Gerechten, Jesus dagegen kam als Arzt der Kranken und als Heiland der Sünder. Er verstand die Bewegung der Buße nicht wie in Qumran als Rückkehr zum radikal gedeuteten Gesetz, sondern als Heimkehr in die offenen Arme des Vaters, weil Gott sich mehr freut über das Nach-Hause-Finden eines einzigen Sünders als über die Treue vieler Gerechter (Lk 15). Daß Jesus den Menschen mit Gott konfrontiert und ihn in die Entscheidung stellt, kann, wie wir oben sahen, keineswegs als einzigartig gelten, sondern trifft auch für die Predigt des Täufers und die der Qumranleute zu. Neu ist, daß der Mensch eine frohe Entscheidung zugunsten der Gottesherrschaft fällt: Jesus vergleicht sie mit der Tat des Tagelöhners, der einen Schatz im Acker gefunden hat und dafür all seine Habe verkauft, oder mit der Freude des Kaufmanns, der getrost sein Gut für den Erwerb der köstlichen Perle hergibt (Mt 13,44–46).

d) Auch Jesus verlangte den vollkommenen Wandel und die bedingungslose Erfüllung des Gotteswillens, und auch er suchte diesen Willen im Gesetz des Alten Testaments (Mt 5,17–42). Aber er wollte, daß unser Tun der Liebe zu Gott entspringen soll. Das hebräisch-aramäische Wort, mit dem Jesus vom »Willen« Gottes sprach, meint im Grunde sein »Wohlgefallen«: nur die spontane, aus der Liebe kommende Tat kann wahrhaftig »wohlgefällig« sein. Jesus lehrte im Geist des 5. Buches Mose, das auch die Frömmigkeit der Qumranleute stark geprägt hat. Dieses Buch versteht alle Einzelgesetze als Entfaltung des großen, dreimal täglich im Gebet gesprochenen Gebots, Gott zu lieben und ihm allein anzuhangen (5Mo 6,4–5); es sieht in solcher Liebe die Erwiderung der Israel zugewandten Liebe Gottes.[44] In Qumran sprach man von Gott als dem Vater und verglich seine Liebe mit der fürsorgenden Hingabe, die eine Amme dem Säugling schenkt (Loblieder 9,34–35). Aber im Grunde war es nur der »Sohn seiner Wahrheit«, d.h. der Erwählte und Angehörige der Gemeinde, der getrost auf Gottes Vatergüte bauen konnte. Jesus verlangte von jedermann, er solle Gott begegnen wie ein Kind, das aus eigenem Antrieb dem Vater gleichgeartet und ihm in all seinem Tun gefällig sein will (Mt 5,48). Aber er stellte den Indikativ, Gottes Satzung, vor den Imperativ, das Gebot: Weil wir alle Gottes Kinder sind und von seiner Vatergüte her das Dasein fristen, sollen wir als rechte Kinder vor ihm leben und vollkommen sein wie der himmlische Vater (Mt 5,44–48).

Mit dieser Forderung setzte Jesus einen Zustand als geltend voraus, der in apokalyptischer Sicht erst in der Endzeit erreicht sein kann. Erst wenn die Gottesherrschaft ganz aufgerichtet ist, wird auch die Gotteskindschaft Wirklichkeit sein: Die Israeliten werden dann zu Kindern des lebendigen Gottes, die seinen Geist empfangen und seine Gebote erfüllen (Jubiläenbuch 1,23–25). Im Einklang mit dem Alten Testament bezeichneten die Rabbinen Israel als Gottes Sohn. Aber sie konnten auch sagen, Gott habe den Samen Abrahams nicht deshalb aus Ägypten erlöst, um ihn zu seinem Kind zu machen, vielmehr wollte er die Israeliten als Knechte halten. Denn falls sie seine Gebote nicht annehmen wollten, könnte er sagen: »Ihr seid meine Knechte.«[45] Das Bild des Dieners, der ohne Widerspruch die Gebote des Herrn befolgt, war kennzeichnend für das Verhältnis zu Gott; auch die Liebe zum göttlichen Vater erweist sich am un-willkürlichen Tun der Tora.

e) Jesus hob das Sinaigesetz nicht grundsätzlich auf, sondern deutete es, setzte es im Lichte der kommenden Gottesherrschaft erst recht in Kraft. Dabei ging er allerdings über den Buchstaben hinweg zum Willen Gottes zurück. Das gleiche geschah, wenn Jesus die Summe des ganzen Gesetzes gezogen, ein zusammenfassendes oberstes Gebot herausgestellt hat (Mk 12,29–31). Solch eine Lehre war an sich nicht neu. Philo beschreibt die Summe essenischer Frömmigkeit als Liebe zu Gott und zum Nächsten[46], und Hippolyt sagt entsprechend von den Essenern, sie legten beim Eintritt in die Gemeinde die eidliche Verpflichtung ab, Gott zu fürchten und gegen die Menschen Gerechtigkeit zu üben[47]. Die Gemeinderegel sieht im Suchen des Gotteswillens den Sinn des Lebens und den Ausdruck echter Liebe zu Gott (1,2). Aber da man in Qumran den Gotteswillen im Buchstaben der Gebote fand, scheiterte letztlich der Versuch, über die konkrete Weisung hinaus zum Herzen Gottes zu gehen und die der Schöpfung eingestiftete Grundordnung, die allen Menschen geltende Weisung zum gemeinsamen Leben, zu sehen.

Jesus lehrte das Doppelgebot der Liebe zu Gott und dem Nächsten als Summe des Gesetzes. Diese beiden Gebote werden zusammen erfüllt. Nur da, wo man jedem Menschen, selbst dem Feind, in uneingeschränkter Liebe entgegentritt, handelt man im Raum der Vollkommenheit, die vor Gott gilt, im Bereich der Liebe zu Gott (Mt 5,43–48).

f) Wie diese beiden Gebote bilden auch Zukunftserwartung und Gehorsamsforderung in der Predigt Jesu eine feste Einheit, die nicht aufgelöst werden darf. Die liberale Exegese neigte dazu, die apokalyptische, in die Zukunft weisende Komponente zu übersehen oder sie als eine zeitbedingte, mythisch gefärbte Vorstellung abzutun; bleibenden Wert hatte nur die auf den Glauben gegründete Ethik, die Forderung nach Gerechtigkeit und Liebe zum Nächsten, wie sie etwa in den Gleichnissen oder in der Bergpredigt zum Ausdruck kommt. Bultmann deckt in seinem Jesusbuch die Fehler der liberalen Jesusexegese schonungslos auf: Sie trug die eigenen Ideale in die Botschaft Jesu ein. Aber auch er und seine Schüler entgehen der Gefahr einer verkürzenden Deutung der Predigt Jesu nicht ganz; nur gibt nicht mehr Kant, sondern Heidegger den exegetischen Schlüssel her. Bultmann z.B. meint, das Kommen der Gottesherrschaft sei nicht eigentlich ein Ereignis im Ablauf der Zeit und die Gottesherrschaft nicht eine Größe, die in der Gegenwart beginne und in der Zukunft ihre Vollendung erfahre, nicht ein Irgendwo oder Irgendwann. Die Zukunft, von der Jesus spreche, sei das auf den Menschen Zukommende, das ihn in die Entscheidung stelle; stehe der Mensch aber in der Entscheidung, so sei immer letzte Stunde. Nach Bultmann trat die ganze zeitgeschichtliche Mythologie bei Jesus in den Dienst der menschlichen Existenz; in ihrem Licht hat er seine Stunde als die letzte erfaßt und verkündigt.[48] Das Resultat dieser Deutung ist ähnlich wie das der liberalen Theologie. Nur tritt an die Stelle der ethischen Forderung der Ruf zur Entscheidung, zur Verwirklichung echter Existenz. Die zeitliche Linie schrumpft zusammen auf den Punkt des Hier und Jetzt; die Zukunftserwartung qualifiziert, radikalisiert den Ruf zur Entscheidung. Ernst Käsemann kann sagen, Jesus habe gemeint, daß »mit seinem Wort die Basileia zu seinen Hörern komme«, und Ernst Fuchs stimmt diesem Urteil zu.[49] Wie wir später sehen werden, leuchtet vor allem durch Jesu Handeln die Gottesherrschaft in die Gegenwart herein und gibt dieser Welt einen neuen Schein. Dennoch bleibt seine Erwartung auf eine echte, zeitlich gedachte Zukunft gerichtet. Das darf nicht durch eine existentiale Deutung der Begriffe »Zukunft« und »eschatologisch« verschleiert werden.

Ähnlich wie Bultmann verfährt James M. Robinson, der das apokalyptische Nacheinander Gegenwart – Zukunft dialektisch ineinanderschiebt. Im Blick auf die Seligpreisungen stellt er fest: In der Armut ist Gottes Regiment, im Hunger die Fülle, unter Tränen die Freude usw.[50] Dadurch wird das Futur im zweiten Teil der Verheißung in ein Präsens umgedeutet und der klare Kontrast zwischen Jetzt und Dann durch ein seltsames, den damaligen Hörer kaum befriedigendes Paradox verwischt. Nichts dergleichen hatte Jesus im Sinn. Zwar ist mit seinem Wirken das Reich Gottes im Anzug, aber noch nicht offenbart in Kraft; die Verwirklichung des alle Not endenden Heils bleibt der Zukunft vorbehalten. Wie bei den Liberalen zeigte sich hier eine Scheu vor dem fremden, allzu jüdischen Jesus. Dank der Forschung der »Religionsgeschichtlichen Schule« kennen Bultmann und seine Schüler die Apokalyptik zwar besser, als das im 19. Jahrhundert möglich war. Die Gottesherrschaft war für die Juden nicht einfach Inbegriff einer neuen Sittlichkeit oder ein ethisches Ideal. Aber die damalige Erwartung des Weltendes wird heute vielfach als mythologisch beurteilt, genauso wie die Vorstellung vom Satan als dem großen Gegner Gottes und von den Dämonen.

Es ist verständlich, wenn man in der Predigt an den modernen Menschen diese Vorstellungen neu deuten und unmythologisch darbieten will. Aber wir dürfen nicht meinen, auch der historische Jesus habe im Grunde »unmythologisch« gedacht, nur die Gegenwartsbedeutung der Gottesherrschaft gesehen und mit dem bösen Willen des Menschen, nicht mit dem Teufel gerechnet.[51] Jesus hat zwar nicht etwa gelehrt, was ihm in Nachtgesichten und Träumen geoffenbart worden wäre; ebensowenig wie Paulus war er ein Apokalyptiker im strengen Sinn. Aber er hat die Ereignisse der Endzeit erwartet, die in der Apokalyptik so wichtig sind und die Gerechtigkeit und Schöpfermacht Gottes bekunden. Eines der wenigen Jesusworte, auf die sich Paulus beruft, handelt von der Reihenfolge der Auferstehung (1Thess 4,15) und somit von einem apokalyptischen Spezialproblem. Und der Spruch, der Einbruch der

Gottesherrschaft werde noch von der jetzigen Generation erlebt (Mk 9,1), setzt für Jesus einen apokalyptischen Kalender voraus; ich denke an die dunkle Weissagung Dan 9,24–27, die im damaligen Judentum eine wichtige Rolle gespielt hat.[52]

Auch Jesu Worte vom Vertrauen in Gottes Güte sind letzten Endes eschatologisch orientiert. Nur wer sich als Gottes Kind versteht und damit seinen endzeitlichen Stand einnimmt, kann wirklich sagen, daß diese Welt trotz allem Bösen das Werk des himmlischen Vaters ist. Und wer den guten Anfang der Schöpfung begriffen hat, weiß erst richtig, was das ängstliche Sorgen grundlos macht. Denn es war im Paradies, wo Gott die Menschen aller Sorge um die Nahrung enthoben und sie eigenhändig mit Röcken von Fell bekleidet hat (1Mo 2,16; 3,21). Ohne den eschatologischen Ausblick blieben Jesu Worte vom Nichtsorgen eitel Schwärmerei; und es ist wohl mehr als ein Zufall, wenn Matthäus mitten in sie die Mahnung eingefügt hat: »Trachtet zuerst nach dem Reich Gottes und nach Seiner Gerechtigkeit, so wird euch alles übrige zuteil« (Mt 6,33). Ihre Dringlichkeit empfing diese Mahnung dadurch, daß Jesus mit messianischer Vollmacht sprach; die Bergpredigt war die Weisung des Neuen Bundes.

2. Die Gleichnisse

In Jesu Predigt vom kommenden Gottesreich hat das Gleichnis als Erzählform einen festen Platz. Niemand bezweifelt, daß der Großteil der Gleichnisse, wie sie die synoptischen Evangelien bieten, authentisch ist, und beim »Neuen Fragen« wird der Gleichniserzähler Jesus besonders beachtet. Wieder tritt die Eigenart der Gleichnispredigt Jesu dann besonders hervor, wenn man die Rollen vom Toten Meer und die rabbinischen Gleichnisse zum Vergleich heranzieht.

a) In den Schriften vom Toten Meer erscheint das Ende als große Wende, mit welcher die jetzt bestehende Ordnung samt ihren Normen umgestürzt werden wird. Denn die Gestalt dieser Welt ist widergöttlich: Der Teufel sitzt im Regiment, und die Masse der Menschheit ist ihm wissentlich oder unwissentlich untertan. Der Gerechte leidet. Nur die Gewißheit, alles werde in Kürze von Grund auf anders, läßt ihn Ungerechtigkeit und Drangsal ertragen. Ja, sein Los erfüllt ihn mit Freude und Stolz: Wer jetzt leidet, wird bald triumphieren; wessen Sache in der Welt völlig verloren scheint, wird richtend und rächend am Endgericht beteiligt sein.

Allerdings ist dieser Sachverhalt in ein Geheimnis gehüllt. Man beschreibt ihn in Bildern und Weissagungen des Alten Testaments, die dort vielfach dem künftigen Israel oder dem neuen Jerusalem gelten und jetzt auf die Heilsgemeinde am Ende der Zeiten bezogen sind. Groß ist der Gegensatz zwischen der wichtigen Rolle, die der Schar der Gerechten in Gottes Zukunft zufällt, und ihrer jetzt noch geringen Gestalt. Man illustriert und überwindet ihn hoffend, ganz ähnlich, wie dies Jesus in den Gleichnissen vom Sämann, von der selbstwachsenden Saat, vom Senfkorn und vom Sauerteig tat: dem unscheinbaren Beginn steht der überwältigende Enderfolg gegenüber. Die Qumrangemeinde gleicht einer Pflanzung im dürren Land. Noch ist sie klein und steht verborgen unter hoch aufgeschossenen Bäumen. Aber sie ist unverwelklich und treibt einen Schoß, aus dem die ewige, wahre Pflanzung der Endzeit hervorgeht. Stark ausgebildet ist dessen Wurzelstock, der sich zu einem lebendigen und heiligen Wasserquell hinstreckt und der Pflanzung Kraft und Lebenssaft zuströmt. Es macht nichts, wenn die Vorübergehenden den Wurzelstock zertreten, wenn wilde Tiere diesen Schoß abweiden oder Vögel in den Zweigen des Baumes nisten. Denn er, der Unscheinbare, wird für immer bleiben. Gott selbst beschützt ihn durch heilige Engel und mit der wabernden Feuerflamme – wie den Zugang zum Paradies. Denn diese Pflanzung ist paradiesisch. Einst fällt ihr Schatten über die ganze Erde, ihre Wipfel reichen bis zu den Wolken, und die Wurzeln trinken von den Wassern der Tiefe, während die Paradiesesflüsse die Zweige tränken. Dagegen sind die hohen Bäume, die ringsum rasch aufwachsen, alle dem Untergang geweiht, denn sie trinken nicht vom Lebensquell und bringen keine Frucht. Aber, so wird ausdrücklich bemerkt, niemand ahnt diesen Sachverhalt, keiner weiß um das Geheimnis der für die Endzeit bestimmten Pflanzung. Der Weltmensch draußen erblickt mit sehenden Augen nichts, und bei allem Sinnen und Planen kommt er nicht zum Glauben an den lebendigen Quell (Loblieder 8,4–14; 6,15–16).

b) Beides wird deutlich: Nähe und Unterschied dieser Schilderung zu den Gleichnissen Jesu. Das Bild im Loblied der Sekte ist breit ausgeführt, eine Allegorie, in der in jeder Einzelzug das Selbstverständnis der Wüstengemeinde und ihr Verhältnis zur Welt verhüllend beschreibt; sogar die in der Nähe des Wüstenklosters Qumran mit viel Mühe angelegte Baumpflanzung ist wohl mit einbezogen. Nicht das Gottesreich in seiner unbegreiflichen Andersartigkeit, sondern die Heilsgemeinde in ihrer festgeformten, für die Ewigkeit vorgebildeten Gestalt bildet den Inhalt der eschatologischen Hoffnung.

Jesus sprach im knappen, schlichten Gleichnis von der kommenden Gottesherrschaft. Aber manche Züge der Darstellung sind hier und dort gemeinsam. Auch Jesus gebrauchte die Bilder von Pflanzung, Baum und Garten und dazu auch die von Acker und Weinberg, die in Qumran bezeichnenderweise nicht vorhanden sind. Und er sprach von der festen Verwurzelung und der rasch aufschießenden, zum Welken bestimmten Pflanze, vom Samen, der auf den Trampelpfad des Ackers fällt und dort zertreten wird[53], von fruchtbaren und unfruchtbaren Bäumen. Auch er verwandte das Motiv von dem alle Vögel beherbergenden Weltenbaum, das im Alten Testament den zum Fall verurteilten Fremdherrschern gilt, ganz selbstverständlich für die heilige, ewigwährende Größe der Endzeit (Mk 4,32; vgl. Ez 31; Dan 4). Vor allem aber findet sich hier und dort das Geheimnis, das die eschatologische Ordnung, das wahre Sein der endzeitlichen Gemeinde, umgibt. Der Außenstehende sieht immerzu und nimmt doch nichts wahr – dieser von Jes 6,9 abgeleitete Satz wird nicht nur bei Markus (4,12), sondern schon von der Qumrangemeinde zitiert (Loblieder 8,13–14). Das Geheimnis des Gottesreichs ist darum wohl kaum eine spätere, künstliche Theorie, sondern hatte schon in der Predigt des historischen Jesus seinen festen Platz.

Bemerkenswert ist, daß Jesus den einzelnen Menschen mit der kommenden Gottesherrschaft konfrontiert. In den Schriften vom Toten Meer tritt nur der Leiter und Gründer, der Lehrer der Gerechtigkeit, als ein einzelner handelnd hervor. Gleichnisse erzählt er nicht; wo er von sich im Bilde spricht, schließt er sich zusammen mit den Schülern, mit der Gemeinde, die ihn umgibt. Dabei führt er beispielsweise eine Baumplantage vor, in der er selbst als fleißiger Gärtner steht. Durch Umgraben des Bodens und durch gut instandgehaltene Bewässerungsrinnen bringt er die Bäume sogar durch die Gluthitze des Sommers hindurch und bewahrt sie vor Verwilderung und Versteppung (Loblieder 8,20–26). Diese Darstellung hat keinen dramatischen Schluß; der Lehrer erwägt nur die katastrophalen Folgen, die ein Fehlen seiner Pflege für den Garten nach sich zöge. Jesus zeigte in einem Gleichnis den Herrn eines Gartens, wie er sich mit dem Gärtner über das Schicksal eines einzelnen Baumes unterhält. Nur auf diesen Baum ist das Augenmerk gelenkt: Warum bringt er keine Frucht? Wird er sich bewähren, wenn man ihm noch ein Jahr gewährt und ihm durch Umgraben und Düngen die nötige Pflege gibt (Lk 13,6–9)? Eine starke Spannung wird durch dieses kurze Gleichnis erzeugt, und jeder einzelne Hörer fühlt sich in die Entscheidung gestellt.

Ferner steht der einzelne, von dem Jesus sprach, nicht isoliert in der Wüste, sondern mitten in der Welt. Seine Situation und sein Handeln werden in alltäglichen Szenen und dramatischen Geschichten klargemacht: Da sind der Sämann und der Kornbauer, der Gärtner und der Weinbergbesitzer; der Hirte und der Händler, Hausherr, Hausfrau und Knechte; der Vater und seine Söhne; der König und seine Gäste – eine Fülle von Figuren erscheint auf der Bühne der Alltagswelt und wird in das Licht der kommenden Gottesherrschaft gestellt. Von diesem bunten Leben, diesem Schattenspiel eschatologischer Existenz sagen die Qumranschriften nichts. Auch darin offenbart sich ihre weltabgewandte Art: Der einzelne geht in der Gemeinde auf, und seine Welt ist vom Kulturland geschieden.

c) Ein zweites Bild, mit dem die Qumrangemeinde ihre eschatologische Existenz beschrieb, ist das von der befestigten Stadt. Gott selbst legt ihr Fundament auf einen Felsen, erstellt einen Träger nach rechtem Maß und schichtet erprobte Steine; so richtet er selbst dieses Bauwerk auf (Loblieder 6,25–27). Damit erfüllt er die Verheißung, er werde in Zion einen bewährten Stein, einen kostbaren Eckstein legen (Jes 28,16), über jede Erwartung hinaus. Sein Bau ist beides, Festung und Heiligtum, und gleicht darin dem Tempel zu Jerusalem. Aber er steht nicht auf dem Zion und ist nicht von Händen gemacht. Denn die Männer der Heilsgemeinde sind mit den erprobten Steinen gemeint, sie stellen ein lebendiges Bauwerk dar. Der heilige, wehrhafte Bau der Gemeinde ist unüberwindlich. Wer hinter die Mauern dieser Festung geflohen ist, kann selbst von den Höllenpforten nicht verschlungen werden.

d) Jesus hat kein Gleichnis von der Festung der Felsengemeinde erzählt. Aber auch er hat dieses Bild gekannt. Man sollte nicht länger leugnen, daß die berühmte Stelle Mt 16,18, nach der Jesus verhieß, er werde seine Gemeinde auf Petrus, den Felsenmann, bauen und die Pforten der Hölle könnten sie nicht überwinden, der Qumranvorstellung nahe verwandt ist. Denn in beiden Fällen bezeichnet der Bau auf dem Felsen die eschatologische Heilsgemeinde, und hier und dort werden die Höllenpforten als bedrohliche Macht erwähnt. Erst die Qumrantexte und der durch sie erhellte Hintergrund Jes 28 machen verständlich, warum diese beiden Größen miteinander verbunden sind. Jesaja sprach vom kläglichen Ende der Spötter, die wähnten, mit dem Totenreich paktiert zu haben und deshalb gegen jeden Unfall gewappnet zu sein; nur wer an Gott und den von ihm gelegten Stein in Zion glaubt, wird nicht zuschanden (Jes 28,14–22). In Qumran schilderte man die künftige Katastrophe der Weisen der Welt, die – der Rotte Korah gleich – beim endzeitlichen Erdbeben von den aufgesprungenen Toren des Totenreichs verschlungen werden (Loblieder 3,13–18); nur der von Gott auf dem Felsenfundament der Wahrheit gegründete Bau der Gemeinde bleibt vor diesem Unheil bewahrt.[54] Später haben dann die Rabbinen den Tempelfelsen als Verschlußstein des Totenreichs gepriesen; auch dieser Gedanke wird auf Jes 28 beruhen.

e) Auch das sicher authentische Wort von den »Stürmern des Himmelreichs« (Mt 11,12; Lk 16,16) erhält von Qumran her neues Licht. Die »Gewalttäter«, die das Gottesreich bedrängen und berauben (Mt 11,12), mit Gewalt in es hineindrängen (vgl. Lk 16,16), sind nicht etwa ungestüme Fromme, die das Kommen der Gottesherrschaft herbeizwingen wollen, sondern die vom Teufel geführten Gegner der Gerechten. In Qumran kann das Endgericht als ein großer Krieg dargestellt werden: Alle heidnischen Völker, dazu die Gottlosen Israels, rotten sich zusammen, um das Lager der heiligen Miliz zu überrennen. Aber im letzten Augenblick kommt Gott den Seinen mit den Engelscharen zu Hilfe und vernichtet die Heere der Gegner. Auch Belial und seine Dämonen, die gleichsam hinter der Bühne des Welttheaters das Böse inszenieren und leiten, werden dann unschädlich gemacht. Vorspiel dieses Dramas ist der jetzt schon tobende Kampf um Gottes Wahrheit.

Alttestamentliches Vorbild für dieses Endzeitdrama war einmal die Vision vom Kampf um das hochgebaute Jerusalem, vor dem die Heere der Heiden von Gottes Wundermacht vernichtet werden[55], zum andern die Sinaitradition. Am Sinai hatte Mose das Volk sich heiligen lassen und nach Gottes Auftrag eine Schranke um den Berg gezogen: niemand sollte sie durchbrechen, um den Berg zu berühren oder um Gott zu schauen. Diese Schranke war ein Schutz für das Volk, denn wer Gottes Heiligkeit zu nahe kommt, wird von ihr hinweggerafft.[56]

Auf diesem Hintergrund muß man den Stürmerspruch (Mt 11,12; Lk 16,16) sehen. Seit den Tagen des Täufers »drängt man gewaltsam in das Gottesreich hinein« (Lk 16,16); das dafür verwendete griechische Verbum bezeichnet in 2Mo 19,24 das »Einbrechen« in den heiligen Bezirk am Sinai. Matthäus spricht von den »Gewalttätern«, die das Gottesreich »ausplündern«, d.h. die Männer, die im Raum der Gottesherrschaft stehen, wegraffen, wankend und abtrünnig zu machen versuchen. Wahrscheinlich liegt hier ein Wortspiel vor: Die Gewalttätigen (hebräisch: ʿārīṣīm) werden zu Räubern (hebräisch: perīṣīm); kann Jesus sagen, das Haus Gottes zu Jerusalem sei zu einer »Räuberhöhle« degradiert worden (Mk 11,17), so werden nach dem Stürmerspruch die Heiligen des Gottesreiches, ausersehen als lebendiges, endzeitliches Heiligtum, in ähnlicher Weise bedroht. Andererseits bricht die Königsherrschaft Gottes mit Gewalt herein (Mt 11,12): Wenn der Gott des Sinai gegen alles Profane, das ihm zu nahe tritt, »losbricht« (2Mo 19,22) und in der Endzeit sein Strafgericht alle Durchbrecher der Toraschranke treffen wird (Damaskusschrift 20,25), so bricht nach Jesu Wort die Gottesherrschaft in die Welt, helfend und heilend, siegreich trotz allem Widerstand (vgl. Mt 12,28).

f) Der Begriff basileia (malkūth), mit dem meist die Königsherrschaft gemeint ist, gilt im Stürmerspruch auch konkreten Gruppen von Menschen, zu denen diese Herrschaft bereits gekommen ist; sie tun Gottes Willen, sind für sein Reich erwählt. Dabei tritt jedoch ein bemerkenswerter Unterschied zu Qumran hervor: Jesus kannte keine fest umrissene, von der Welt abgegrenzte Gruppe von Heiligen; die Schar der Erwählten stellte sich ihm nicht als organisierte, durch Gebote geformte Heilsgemeinde dar. Zwar wußten auch die Männer von Qumran, daß nur Gott die Seinen kennt und daß der Eintritt in die Heilsgemeinde nicht automatisch das Heil garantiert. Aber sie konnten sich nicht vorstellen, wie die Rettung draußen, abseits von dem bei ihnen geleisteten heiligen Dienst, möglich sei. In der Gemeinde von Qumran sehen wir zum erstenmal eine »Kirche« vor uns, eine Gemeinschaft der Heiligen und Erwählten am Ende der Zeit. Israel war nie eine »Kirche« und hat sich nicht als solche bekannt; es verstand sich als das erwählte Volk, dem Gott sich durch seine Weisung und Führung in der Geschichte geoffenbart hat. In Qumran zog man eine Trennungslinie mitten durch die geschichtliche Größe Israels: Nicht das Volk als Ganzes ist erwählt, sondern der einzelne; nicht das Volk als solches kann das Israel der Verheißung sein, sondern die Heilsgemeinde als Versammlung der Erwählten. Mit dem Auszug in die Wüste und dem Aufbau einer mönchisch-asketischen Lebensgemeinschaft wurde diese Trennungslinie auch nach außen hin sichtbar gemacht. Wegen der Bindung an die vorgegebene Gemeinde fehlten dem Lehrer von Qumran die Freiheit und schöpferische Freude, die aus Jesu Gleichnissen vom Gottesreich strahlen. Auch den Kontrast zwischen Gegenwart und Zukunft konnte er nicht in gleicher Deutlichkeit schildern; denn die Kontinuität der Gemeinde, die durchhält und ihre Identität bewahrt, mußte besonders berücksichtigt sein. Darum beschreibt die Allegorie von Qumran einen Zustand, eine in sich ruhende Größe, auf deren Beharrungsvermögen und Festigkeit im Wirbelsturm des Endzeitgeschehens der Nachdruck liegt. In Jesu Gleichnissen wird dagegen gehandelt: Gottes Verhalten und das Tun des auf ihn harrenden Menschen werden geschildert.

Schließlich verhinderte die Scheu vor dem Weltlich-Profanen, daß man wie Jesus die eschatologische Existenz mit Bildern des alltäglichen Tuns beschrieb. Wird die Qumrangemeinde wirklich einmal durch ein Bild dargestellt, so ist es mit biblischen Worten, versteckten und offenen Hinweisen auf die Schrift so behängt und ausgeschmückt, daß ihr Eigenleben kaum sichtbar wird.

g) Auch die Aufgabe am Nächsten, die Jesus im Gleichnis besonders betont, ist in Qumran durch Gebote vorgezeichnet und wesentlich auf den Raum der Gemeinde beschränkt. Wie wir sahen, macht die Liebe zu Gott und zum Nächsten auch die Frömmigkeit der Qumranleute aus. Aber zwischen dem Frommen und Gott steht das Gebot der Schrift, zwischen dem Gerechten und seinem Nächsten die Ordnung der Gemeinde. Es gibt eigentlich keine unvorhergesehene Begegnung, wie sie etwa im Gleichnis vom barmherzigen Samariter erzählt wird, keine spontane Entscheidung zum Dienst am andern, keine Situationsethik. Der freien Verantwortung sind enge Grenzen gesetzt. Wer als Nächster zu gelten hat, ist durch eine exakte Rangordnung festgelegt.

Dagegen ist der einzelne, von dem Jesus in den Gleichnissen spricht, ungesichert und nicht etwa durch eine religiöse, nationale oder soziale Ordnung bestimmt. Oder aber er ist entsichert, dem Zwang und Schutz einer solchen Ordnung für eine Weile entrückt: Der Knecht verantwortet oftmals als Verwalter den ganzen Besitz seines Herrn oder wird in dessen Abwesenheit dargestellt. Die Samaritaner treten in den Evangelien unter den Juden auf; fern vom Tempel stoßen der Priester und der Levit auf den Verwundeten; einsam entscheiden sich Tagelöhner und Kaufmann für den riskanten Erwerb des köstlichen Guts.

h) Fehlt in Qumran das Gleichnis, so haben die Rabbinen des öfteren diese Erzählform benutzt. Die öffentliche Predigt des Rabbi Meir soll je zu einem Drittel aus Halacha, der Lehre über das Gesetz, aus Haggada, der erbaulichen Darstellung der Frömmigkeit, und aus Gleichnissen bestanden haben.[57] Diese Gleichnisse sind den von Jesus überlieferten schon in formaler Hinsicht nahe verwandt. So wird etwa von Rabbi Gamaliel II., der ausgangs des 1. Jahrhunderts n.Chr. gelehrt hat, folgender Gleichnisanfang überliefert: »Ich will dir ein Gleichnis sagen. Wem gleicht die Sache? Einem König von Fleisch und Blut, der in einen Krieg auszog . . .«[58] Ganz ähnlich konnte Jesus ein Gleichnis beginnen (etwa Mt 11,16; 18,23), und wie die Rabbinen erhellte er das Handeln Gottes am Verhalten eines Königs oder hochgestellten Herrn (vgl. Mt 18,23; 22,2; Lk 14,31–32). Auch sonst findet sich mancher uns vertraute Zug im rabbinischen Gleichnisschatz. Aber das Gottesreich als eschatologische Größe wird dort nicht zentral behandelt und nie die Freude Gottes über den heimkehrenden Sünder im Gleichnis erzählt. Vielmehr herrscht Jubel im Himmel, wenn die Seele eines Reinen dort erscheint[59] und wenn die Missetäter zugrunde gehen[60].

i) Schließlich sind die Gleichnisse Jesu eng mit dessen Wirken verknüpft und erhalten von dorther einen tieferen Sinn. In Qumran galt die Gemeinde als der Ort, an dem Gottes endzeitlich wirkende Kraft jetzt schon gespürt wird; darum wurde sie in den Schleier der Allegorie gehüllt. Aber auch in den Evangelien gibt es ein Geheimnis des Gottesreichs. Es wird in Verbindung mit der Gleichnispredigt Jesu erwähnt, obwohl es deren Absicht zu widersprechen scheint und deshalb ein schweres Rätsel aufgibt. Markus sagt einerseits, Jesus habe offen vom Gottesreich gepredigt und dabei die Gleichnisse gebraucht, damit das Volk ihn verstehen könne (Mk 4,33); andererseits läßt er Jesus erklären, die Gleichnisse hätten den Sinn, das Geheimnis des Gottesreiches zu verdecken, so daß die Draußenstehenden sähen und nichts erkennten, hörten, ohne etwas zu verstehen (Mk 4,12). Man rechnet gewöhnlich dieses letztere, anstößige Wort der Gemeinde zu, die in der Tat manches Gleichnis als Geheimnis empfunden und allegorisch gedeutet hat. Aber könnte nicht auch Jesus vom unverstandenen Geheimnis des Gottesreiches gesprochen haben?[61] Und was wäre dann dieses Geheimnis? Nichts anderes als die Tatsache, daß die Gottesherrschaft in Jesu Wort und Werk angebrochen, in seiner Person bereits gegenwärtig ist.

3. Die Wunder

Es steht fest, daß Jesus Wunder getan, allerlei Kranke geheilt hat; selbst aus der jüdischen Polemik, die ihn einen Zauberer nennt, geht diese Tatsache hervor. Häufig wird in den Evangelien die Austreibung unreiner Geister berichtet. Gerade dieses uns fremdartige Wunderhandeln muß für Jesus charakteristisch gewesen sein. Was bedeutet es, und in welchem Zusammenhang steht es mit der Predigt Jesu vom kommenden Gottesreich?

a) Rudolf Bultmann hat die großen Taten Jesu in Heilungswunder und Naturwunder eingeteilt.[62] Die ersteren sind in der Überzahl; einigen von ihnen könnten historische Vorgänge zugrundeliegen. Die letzteren, zu denen etwa die Speisungswunder, die Sturmstillung und der Seewandel zählen, wurden nicht nur von der tradierenden Gemeinde geformt, sondern auch aus volkstümlicher Wundererzählung übernommen. Nach Bultmann pflegen solche Erzählungen wie Anekdoten im Volksmund zu wandern. Sie wechseln auch ihre Helden, die zu Märchenfiguren werden können; Alexander der Große war dafür ein erstes Beispiel. Bultmann meint, diese Tendenz habe ähnlich auch die Jesustradition erfaßt. Wer die Entstehung und Weiterbildung der Wunder Jesu erklären wolle, müsse sich – eher als etwa im alttestamentlichen Raum – auf dem weiten Feld volkstümlicher Wundergeschichten umsehen. Jesus werde vor allem bei Markus und in den »Zeichen« des Johannesevangeliums nach dem Typus des »Göttlichen Menschen« gezeichnet, der als Lehrer, Asket und Wundertäter der hellenistischen Volksfrömmigkeit Gesprächsstoff geliefert habe (z.B. Apollonius von Tyana). Aber solcher volkstümliche Wunderglaube entfernt sich nach Bultmann nicht nur von der historischen Wirklichkeit, sondern auch von einer »rechtgläubigen« Theologie. Ein Wunder, das als übernatürlicher Vorgang, als Durchbrechen der Naturgesetze historisch-»natürlich« und objektivierend erzählt wird, sei ein »Mirakel«, und der darauf gegründete Glaube nur Aberglaube[63]. Das einzig wirkliche Wunder ist für Bultmann die Offenbarung, daß Gott mir vergeben hat, die Tatsache, daß ich an Jesus als meinen Retter und Herren glauben kann[64]; dieses Wunder sei unbegreiflich und nicht als Geschichtsereignis mit übernatürlichen Zeugen beschreibbar.

b) Ganz sicher ist der Glaube ein Wunder Gottes. Aber Tatsache, Herkunft und Absicht der neutestamentlichen Wundergeschichten hat Bultmann m.E. falsch bestimmt. 1. Jesus hat wirklich Wunder getan; die Evangelisten haben von ihm nicht einfach »Mirakel« erzählt, die sie aus der schillernden Welt des Hellenismus übernahmen. Vielmehr konnten sie Heiltaten des Gesalbten Gottes verkünden, deren Sinn vor allem biblisch vorgegeben, vom Alten Testament her zu gewinnen ist. 2. Jesus wurde mit solchen Wundern nicht etwa als ein »Göttlicher Mensch« dargestellt, der in einer Art von missionarischem Wettbewerb mit hellenistischen Heiligen dieser Art hätte konkurrieren müssen. Denn diesen Typus hat es m.E. auch im Hellenismus so gar nicht gegeben; selbst das dafür angeführte Paradebeispiel Apollonius von Tyana wird kaum einmal als »Göttlicher Mensch« bezeichnet. 3. Jesus hat sich durch seine Wunder indirekt als Gottesmann wie Elia und Elisa (vgl. Lk 4,25–27), als davidischen Messias (Mk 10,37) und als zweiten Erlöser wie Mose offenbart (Mk 6,35–52), dessen Wunder die Messiasprätendenten zur Zeit Jesu nachvollziehen wollten. Der messianische Charakter der Wunder Jesu wird in einer auch von Bultmann als historisch erachteten Szene erwiesen, nämlich der Gesandtschaft des inhaftierten Täufers an Jesus (Mt 11,2–5). Dieser beantwortete die geheimnisvoll gestellte Frage, ob er der »Kommende«, d.h. der Messias, sei (V. 2f), auf eine ihr entsprechende indirekte Weise: Wenn die Blinden sehen und die Lahmen gehen, wenn den Armen das Evangelium verkündigt wird (V. 5), dann ist die Endzeit angebrochen und »der Kommende« schon da. Hier wird ferner deutlich, daß Heilungswunder und Evangelium eine innere Einheit bilden. Die Kunde vom nahen Gottesreich wird durch die Wundertaten in eine Frohbotschaft verwandelt. Denn Heilungen bezeugen die sichtbare Ankunft der Herrschaft Gottes, ihren sieghaften Einbruch in die vom Bösen regierte Welt (Mt 12,28).

c) Besonderes Merkmal der Predigt Jesu war es, daß er das Evangelium vom Gottesreich verkündigte und sich als den Freudenboten verstand, der Jerusalem den großen Herrschaftswechsel ansagt: »Dein Gott ist König geworden« = »die Königsherrschaft ist geoffenbart« (Targum zu Jes 52,7). Nur was im Tempus des Perfekt erzählt werden kann und gegenwärtige Erfüllung der Träume der Väter darstellt, ist Evangelium; die Exorzismen Jesu stellen den Einbruch des »Stärkeren« in das Haus des »Starken«, in den Herrschaftsbereich des Teufels, dar (Mt 12,29).

d) Der Glaube an unreine Geister (Dämonen), die im Menschen Wohnung nehmen, ihn zu bösen Taten verleiten oder mit schwerer Krankheit schlagen, war im Frühen Judentum weit verbreitet und tritt auch im apokalyptischen Schrifttum deutlich hervor. In Qumran hat er zur Rechtfertigung der pessimistischen Weltschau gedient: Wie kam es, daß die von Gott geschaffene Welt im Zeichen des Bösen steht, daß Ungerechtigkeit und Lüge triumphieren, obwohl jedermann weiß, was recht ist, und die Wahrheit liebt? Die Antwort lautet: Gott hat eine gute Welt geschaffen und alles in ihr wunderbar geordnet. Der Gang der Gestirne, der Wechsel von Tag und Nacht, die Pflanzenwelt und die Tiere, die Verteilung der Menschen auf Erden – das alles weist auf Gottes Schöpfermacht, Weisheit und Güte hin. Aber Gott hat auch zwei gegensätzliche Geister ins Dasein gerufen, den Geist der Wahrheit und den Geist des Irrtums, damit der Mensch wählen könne und zwischen ihnen eine Entscheidung träfe. An den Eigenschaften jedes Menschen und den Früchten seines Handelns kann man erkennen, wes Geistes Kind er ist. Durch das Regiment der beiden Geister wird die Menschheit in zwei Klassen geschieden: die Kinder der Wahrheit und des Lichtes und die Kinder des Irrtums und der Finsternis (Gemeinderegel 3,13–4,25). Auch der übermenschliche Bereich ist entsprechend in zwei Lager aufgeteilt. Seit dem Fall einiger Engel (1Mo 6,1–4) gibt es zwischen Himmel und Erde ein widergöttliches Reich, das von Belial, dem Teufel, angeführt wird. Er ist der Herr der Dämonen und setzt sie nach seinen Plänen ein. Erst in der Endzeit hört dieser metaphysische Dualismus auf. Die Kriegsrolle berichtet, wie in einem heiligen Kriege die Heere der Heiden und Gottlosen vernichtet werden und wie dann auch das Reich des Teufels beseitigt wird. Die Gemeinderegel aber verheißt, Gott selber werde einst die Erwählten mit dem Heiligen Geist taufen und dabei jeden Geist des Irrtums aus ihnen vertreiben (4,20–22). Der Exorzismus gilt somit als ein endzeitlicher Akt und als Gottes eigenes Werk (vgl. auch Loblieder 3,18; Mysterienbuch I,1,5).

e) Auch Jesu Dämonenaustreibungen muß man von diesem Hintergrund her verstehen. Heute geht man gerne an den Wundergeschichten des Neuen Testaments und besonders an den Dämonenaustreibungen Jesu stillschweigend vorbei. Der aufgeklärte, mit den Methoden der modernen Naturwissenschaft vertraute Mensch fühlt sich von ihnen peinlich berührt;

gerade an diesem Punkt scheint die Kluft zwischen antikem Selbstverständnis und neuzeitlicher Weltbetrachtung besonders breit zu sein. Der Jesus des Wortes wird als bedeutsam verkündigt, der Jesus der Wunder bleibt als fremde Gestalt im dunklen Hintergrund stehen. Aber ohne das Wunder sind Jesu Wirken und die Botschaft der Evangelisten stark verkürzt. Denn nicht so sehr durch das Wort als vielmehr mit dem Wunder zeigte Jesus, daß durch ihn die Gottesherrschaft gegenwärtig wirksam war.

Im Kampf mit den bösen Geistern blieb die Qumrangemeinde auf die Defensive beschränkt. Es galt, festzubleiben, mit ganzer Kraft den Tücken des Teufels und seiner Trabanten zu widerstehen. Durch Fasten und Beten, aber auch durch Flüche suchte man sie in Schach zu halten (Kriegsrolle 13,4–5); auch die von ihnen beherrschten »Söhne der Finsternis« wurden durch den Fluch der Gemeinde verdammt (Gemeinderegel 2,4–10). Dennoch spürte man den Teufel; als besonders gefährdet galt der einzelne, auf sich gestellte Mensch. Aber er fand einen Schutzraum im bußfertig bejahten Gesetz (Damaskusschrift 16,5), dann in der Gemeinde, in der diese Weisung Gottes recht gelebt und gelehrt wurde (Loblieder 6,25ff); schließlich vertrauten die »Kinder des Lichtes« auf den Beistand Gottes und des »Engels seiner Wahrheit«, Michael (Gemeinderegel 3,24). Jesus blieb dagegen nicht in der Verteidigung stehen. Er hatte kein schützendes Lager, keine Gemeinde der Erwählten um sich; auch das Gesetz galt ihm nicht als Bollwerk, hinter dem man sich gegen den Teufel verschanzt. Er ging deshalb zum Angriff über. Da nicht nur die Sünde, sondern auch alle Krankheiten auf das Konto des Teufels und der Dämonen gehen, verstand er seine Wundertaten als Siege über das Böse, als entscheidenden Einbruch in dessen Bereich.

f) Solche Siege bekunden, daß sich die Gottesherrschaft verwirklicht und Gottes Kraft sich schon offenbart. Erlösung vom Bösen und Kommen des Reiches Gottes fallen zeitlich zusammen (Mt 6,10–13). Darum konnte Jesus sagen: »Wenn ich durch den Geist Gottes die Dämonen austreibe, so ist ja

die Gottesherrschaft zu euch gekommen« (Mt 12,28). Verge-
genwärtigen wir uns noch einmal, was die Gemeinderegel von
Gottes endzeitlichem Handeln schreibt: Er selbst wird jeden
Geist des Irrtums bannen, und zwar vom Himmel her und
durch seinen Heiligen Geist (4,20f). Von daher gesehen, wirkte Jesus, der vom Geist gesalbte Exorzist, als der Bevollmäch-
tigte Gottes der letzten Zeit. Seine Wundertaten sind Zeichen.
Ihre Bedeutung erschöpft sich nicht in dem unbegreiflichen
Akt der Heilung selbst. Vielmehr weisen sie auf ein gewaltige-
res Geschehen hin: Sie verkünden den sich vollziehenden
Umbruch der Zeit, mit ihnen fällt das Licht des Letzten Tages
in die noch dunkle Welt. Freilich ist damit nur ein Anfang gemacht. Der Böse ist zwar gerichtet, aber noch nicht vernichtet;
die Gottesherrschaft ist da, aber nur in Jesus; sie ist noch nicht
allgemein durchgesetzt »in Kraft« (Mk 9,1).

g) Man mag sich fragen, in welchem Umfang Jesus selber diesen Glauben an die Dämonen und die Satansherrschaft geteilt
hat. Käsemann meint, Jesus habe bei seinen Dämonenaustreibungen nicht etwa gehandelt als »Magier, der die Welt ver-
teufelt sein läßt und einen metaphysischen Dualismus behauptet«, sondern »als derjenige, welcher um die Bosheit des
Menschenherzens und seine dämonische Kraft weiß und dieses Herz für Gott beschlagnahmt. Es ist keine Frage, daß Jesus
keinen metaphysischen Dualismus vertreten hat – wie könnte er sonst als Weisheitslehrer geschildert werden? – und sich
nicht zur Bekämpfung des Teufels, sondern zum Dienst am
Menschen gesandt wußte.«[65] An diesem Urteil ist richtig, daß
sich in keinem Wort des synoptischen Jesus der Antagonismus der beiden Geister findet, wie er in der Gemeinderegel
von Qumran dargestellt ist. Aber man darf nicht vergessen,
daß dieser Dualismus in Gott seine monistische Spitze hat
und daß des Menschen Verantwortung für sein Handeln und
für sein böses Herz auch in Qumran nicht abgeschwächt ist.
Andererseits zeigt die Debatte über die Dämonenaustreibung, daß auch Jesus im Teufel den Herrn der unreinen Geister sah und ihn mit dem Herrscher über ein Reich verglich
(Mt 12,24). Genauso dachte man in Qumran und in den apo-

kalyptischen Kreisen überhaupt. Und warum sollte Jesus, der Exorzist, nicht auch dazu gekommen sein, daß er die Werke des Teufels zerstöre? Zudem bezweifele ich, ob man den Dienst am Menschen und die Bekämpfung des Teufels als ein Entweder–Oder verstehen darf; beides wird im Frühjudentum und auch im Neuen Testament zusammen gedacht.

Gehören die Wunder Jesu in einen »Heiligen Krieg«, so erübrigt sich eine Unterscheidung zwischen Heilungswundern und Naturwundern, wie sie Bultmann vollzieht. Denn beide Bereiche, Mensch und Natur, werden in einer von Gott getrennten Welt vom Bösen beherrscht; durch die Übertretung Adams ist auch die Natur vom Chaos bedroht (vgl. Röm 8,20–22). Der Ungehorsam des ersten Menschen hat nicht nur das vertrauensvolle Miteinander der Menschen gestört, sondern auch die harmonische Lebensgemeinschaft von Mensch und Tier und schließlich von Adam und Ackerland (1Mo 3,12–19). Wie der sich emanzipierende, gegen Gottes Weisung rebellierende Mensch dem Todesverhängnis verfällt (1Mo 2,17; 3,19), so seufzt die gesamte Schöpfung unter dem Fluch der Vergänglichkeit (vgl. Röm 8,20). Aber auch sie wird erlöst werden (Röm 8,21); durch diesen tröstlichen Ausblick wird der Mensch frei von ängstlichen Sorgen und nimmt auch von Vögeln und Lilien Belehrung an (Mt 6,26–29).

Schließlich ist es falsch, Wunderheilung und Sündenvergebung voneinander zu trennen. Bekanntlich werden beide in der Geschichte vom Gichtbrüchigen (Mk 2,1–12 par) zusammen erzählt. Scheinbar unmotiviert spricht Jesus dem Kranken zunächst die Vergebung der Sünden zu (V. 5b–10); erst nach dem Einspruch der Schriftgelehrten vollzieht er die Heilung. Mit Bultmann werden gewöhnlich die Verse 5b–10 als späterer Einschub bewertet: »Sie sind entstanden, weil die Gemeinde ihr Recht der Sündenvergebung auf Jesus zurückführen will.«[66] Aber da beide, Sünde und Krankheit, auf das Konto Satans und seiner Dämonen gehen (Gemeinderegel 3,20–24), wäre die Heilung des Leibes ohne die Heilung der Seele ein halber Sieg; ja die letztere ist, am Maßstab der Endzeit gemessen, wichtiger und Gottes eigenstes Werk (Gemeinderegel 4,20–22). Vor allem aber sollte den modernen Exegeten der Bibel nicht verborgen bleiben, was die Schriftgelehrten in dieser Geschichte erkannten: Jesus handelt an Gottes Stelle (V. 7b), in seiner Kraft, und zwar in beiden Fällen: wo er Sünden vergibt und wo er heilt. Denn er tut genau das, was der Beter des 103. Psalms von Gott selber bekennt: »Der dir alle deine Sünde vergibt und heilet alle deine Gebrechen« (V. 3). Dieses Psalmwort klammert die beiden Handlungen Jesu zusammen und macht deutlich, daß die Vollmacht des Heilens als Beweis für das Recht auf Sündenvergebung gelten kann (V. 10).

h) Blickt man auf den Heiligen Krieg der Endzeit, wie er in Qumran vorbereitet wurde, so erhält Jesu Kampf mit dem Teufel eher ein noch größeres Gewicht. Die Kriegsrolle beweist, wie lebendig die alttestamentliche Tradition vom Heiligen Krieg in frühjüdischen Kreisen war. In Qumran hat man sie voll übernommen, der fortgeschrittenen militärischen Ausrüstung und Taktik der Gegenwart angepaßt und im Licht der Enderwartung interpretiert. Von Jesus wird nichts dergleichen berichtet. Er hat kein Heerlager aufgebaut, keine heilige Miliz aufgestellt und keine Vorschrift für Bewaffnung und Manöver in einem endzeitlichen Weltkrieg erdacht. Die heidnischen Völker galten ihm nicht von vornherein als Gegner der Gottesherrschaft. Im Gegenteil: Jesus sah voraus, daß viele von Morgen und Abend kommen und als Gäste am Tisch des Gottesreiches sitzen werden (Mt 8,11); Gottes Einladung gilt aller Welt.

Selbst der Sünder erschien Jesus nicht als Widersacher, sondern als Gegenstand der besonderen Sorge Gottes, und trotz des Bußrufs, der die Freiheit der Entscheidung voraussetzt, hielt er das Böse für eine gefährliche, den Menschen versklavende Macht. Darum ist es wohl richtig, wenn ihn die Evangelisten im erbitterten Ringen mit dem Teufel und den Dämonen zeigen, gerade weil er zu den Menschen als Arzt und Heiland, als Diener und Helfer gekommen war. Mit diesem Kampf gegen das Böse hat wohl auch Jesus an die Tradition vom Heiligen Krieg angeknüpft. Er hat sie neu interpretiert, vergeistigt und damit zu Ende geführt. Jesus träumte nicht davon, wie die Völkerheere am Ende der Zeit plötzlich vernichtet würden, sondern sah in der Heilung der Kranken und in der Rettung des Sünders Siege über das Böse und Gottes endzeitlichen Machterweis. Es war für ihn keine Frage, was erlaubt sei: ein Menschenleben zu retten oder zu töten (vgl. Mk 3,4).

i) Darum unterscheiden sich die Wunder Jesu auch wesentlich von den Zeichen der prophetischen Befreier, die der pharisäische Lehrer Gamaliel in seinem berühmten Ratschlag mit Jesus verglich (Apg 5,34–39). Unter Pontius Pilatus führte Theudas (vgl. Apg 5,36) eine große Volksmenge an den Jordan; er wollte als »Zeichen der Freiheit« – wie einst Josua – den Fluß spalten und alle sicher hinüberführen (Jüdische Altertümer 20,97; vgl. Jos 3,7–17; Mk 4,35). Wenige Jahre später versprach ein aus Ägypten kommender Jude seinen Getreuen vom Ölberg aus, er werde durch ein Wunder die Mauern Jerusalems einstürzen lassen; durch einen »zweiten Erlöser« wie Mose sollte sich der Fall Jerichos an der von den Römern besetzten und entweihten Gottesstadt wiederholen (Altertümer 20,168–171; vgl. Apg 21,38). Ähnlich wie in Qumran galt den Aufständischen die Wüste als Ort, an dem sich Gott offenbaren und »Zeichen der Freiheit« gewähren sollte (Jüdischer Krieg 2,258–260) – wie damals bei der Wüstenwanderung Israels. Die Warnung vor falschen Propheten und Volksverführern, wie wir sie Mk 13,5f vernehmen, war deshalb weise und wohl begründet. Denn die Römer beurteilten solche Freiheitsbewegungen als Aufruhr und haben sie in Strömen von Blut erstickt.

Konnten nicht einige Wunder Jesu als solche »Zeichen der Freiheit« verstanden werden? Der Evangelist Johannes meint, das sei in der Tat geschehen (6,14f): Juden, die das »Zeichen« der Brotvermehrung miterlebt hatten, bekannten von Jesus, er sei »der Prophet, der in die Welt gekommen ist«. Sie meinten den in 5Mo 18,15ff verheißenen Propheten und Erlöser; ja, sie wollten damals Jesus wegreißen und zum König machen (V. 15). Ganz im Geiste Jesu weist der vierte Evangelist solch ein Ansinnen als unsachgemäß zurück. Denn der

Messias wird nicht von Menschen, sondern von Gott zum König gemacht (vgl. Ps 2,7; 110,1), so wie der wahre Prophet aus Israel berufen, »aufgestellt«, wird (5Mo 18,15). Gott gibt auch das wahre Brot (Joh 6,32), und dieses Brot ist Jesus selbst: Er geht für die Menschen in den Tod, gibt sein Fleisch und Blut als Speise des wahren Lebens (Joh 6,33–51). Das ist ein neues Verständnis von Messianität. Schon die Versuchungsgeschichte (Mt 4,3–10) verdeutlicht den Gegensatz zwischen der auf »Zeichen der Freiheit«, d.h. spektakuläre Wunder der Wende, fixierten jüdischen Messiaserwartung und dem Weg des demütigen Gehorsams, wie ihn Jesus als den von Gott gewollten erkannte. Die Evangelisten sahen in der Versuchung Jesu durch den Satan ein Seitenstück zur Erprobung Adams im Paradies (1Mo 3); der zweite Adam bestand den Test.

Nach den Synoptikern verlief selbst ein so großes Wunder wie das der Speisung der Fünftausend so verschwiegen, daß es im Grunde unverstanden und »folgenlos« blieb. Als sei nichts geschehen, forderten die Pharisäer im unmittelbaren Anschluß daran ein »Zeichen vom Himmel« (Mk 8,11). Sie meinten damit ein Wunder, das demonstrativ und unmißverständlich den starken Arm Gottes erkennen ließ und so den Messias als zweiten Erlöser erwies. Jesus lehnte solche »Zeichen« ab (Mk 8,12); sie gleichen zu sehr den spektakulären Taten, wie sie der Teufel in der Versuchungsgeschichte dem Sohn Gottes vorschlug.

Jesus wollte kein Volksheld sein. Denn Schauwunder lassen weder dem Glauben noch der Buße Raum. Sie retten das Gottesvolk nicht von seinen Sünden (Mt 1,21), machen es nicht zum Salz der Erde und zum Licht der Welt (Mt 5,13–16; Jes 49,6). Jesu Wunder waren deshalb keine Markierungen und Plakate am schon geoffenbarten Wege eines triumphierenden Messias, sondern helfende, demütig vollzogene Dienste des Gott gehorsamen Menschensohns. Sie standen nicht im Einklang mit der jüdischen Messiaserwartung und entsprachen noch weniger dem Auftreten eines hellenistisch-heidnischen Wundertäters.

j) Das gilt gerade auch für die anstößigste, vom Verdikt des Mirakels und Aberglaubens am stärksten belastete Wundergeschichte; sie ist aber sehr ausführlich erzählt und scheint demnach für die Christen besonders lehrreich gewesen zu sein: die Heilung des Besessenen von Gadara bzw. Gerasa (Mk 5,1–20). Sie spielte auf heidnischem Boden und wirkt auf den ersten Blick auch ganz hellenistisch-volkstümlich. Jesus trieb dort, am Ostufer des Sees Genezareth, eine ganze Legion Dämonen von einem sich wild gebärdenden Manne aus, gestattete ihr aber, in eine Herde von Schweinen zu fahren; diese stürmte dann über einen Abhang zum See hinunter und ertrank im Wasser. Nach Bultmann kann es nicht zweifelhaft sein, daß hier ein volkstümlicher Schwank auf Jesus übertragen wurde. Diesem habe das Märchenmotiv vom geprellten Teufel zugrundegelegen: Die Dämonen, die aus dem Besessenen ausfuhren, wurden um ihr Logis betrogen.[67] Dagegen ist einzuwenden: Warum hätte man Jesus zum Helden eines Volksmärchens machen sollen, und wieso wurde gerade solch ein unwürdiger »Schwank« so ausführlich erzählt?

Markus hat diese Geschichte an die von der Sturmstillung angeschlossen (4,35–41); von ihr her muß die Dämonenaustreibung verstanden werden. Denn mit der Stillung des Sturms und der Rettung der Jünger tat Jesus ein ähnliches Wunder wie Mose, als er mit seinem Stab das Schilfmeer teilte und Israel sicher ans rettende Ufer führte (2Mo 14). Jesus hatte ja die nächtliche Fahrt über den See Genezareth mit der Weisung veranlaßt: »Laßt uns hindurch zum anderen Ufer hinübergehen!« (Mk 4,35; vgl. 2Mo 14,26). Unmittelbar nach der Rettung Israels am Schilfmeer war über die ägyptischen Verfolger die Katastrophe hereingebrochen: sie ertranken im Wasser. Etwas Ähnliches geschah am Seeufer von Gadara: Jesus ließ die Dämonen zusammen mit den Schweinen untergehen (vgl. Lk 8,31); dieses Wunder erscheint im Licht der Qumranstellen 1QH 3,17; 1Q 27,1,5 als Vorgriff auf die endgültige Verwahrung der dämonischen Geister hinter den festen Riegeln der Unterwelt. Die Sturmstillung und die Dämonenvernichtung von Gadara aktualisieren somit auf endzeitlicher Ebene, was der fromme Jude damals wie heute im Morgengebet nach dem »Höre Israel!« tagtäglich vor Gott bekennt[68]: »Du hast das Schilfmeer gespalten und die Gottlosen[69] ertränkt; du hast die von dir Geliebten hinübergebracht, aber die Wasser bedeckten ihre Feinde« (vgl. Ps 106,9–11).

Diese neue Fassung des Schilfmeergeschehens ist für Jesu messianisches Wirken charakteristisch: Er trat nicht den Legionen römischer Soldaten, sondern einer Legion von Dämonen entgegen (Mk 5,9). Und am See Genezareth wurden die Heiden nicht etwa als Feinde Israels vernichtet wie am Schilfmeer die Ägypter; vielmehr hat Jesus sie vom Bösen befreit. Weit davon entfernt, eine komische Geschichte zu sein, hat das Wunder von Gadara vielmehr kosmische Geltung. Die Heiden erscheinen nicht als Unterdrücker, sondern als Unterdrückte: Sie werden vom gleichen Tyrannen geknechtet wie das Volk Israel, nämlich von der übermenschlichen Macht der Finsternis und des Teufels. Angesichts der nahen Gottesherrschaft sind politische Verhältnisse weniger wichtig; notwendig ist die Rettung von Sünden (Mt 1,21). Der gefallene, leidende Mensch begegnet Jesus, wird von ihm als solcher entdeckt und geheilt: Seine Gottferne und das Verlorensein in der Welt werden sichtbar. Das Verstricktsein in Schuld und die Versklavung unter die Macht des Chaos werden vor Jesus offenbar, aber auch die große Chance der Erlösung. Jesus wollte, daß *allen* Menschen geholfen werde, obwohl er nur zu Israel gesandt war (Mt 15,24); diese Absicht bekundete das Wunder von Gadara. Im Jesajabuch wird das Schilfmeergeschehen ins Mythologische gesteigert und als Kampf Gottes gegen den Chaosdrachen dargestellt (Jes 51,8); dadurch gewann dieses Ereignis eine überzeitliche und universale Bedeutung. In Qumran wurde das Los des Menschen dem eines Seemanns verglichen, der in seinem Schiffe Wind und Wellen preisgegeben ist (1Q Loblieder 6,22–26); errettet wird er dadurch, daß er in der Gottesstadt geborgen, d.h. in die Heilsgemeinde aufgenommen wird. Diese hat Gott auf ein Fundament von Fels gegründet und aus erlesenen Steinen gebaut (1QH 6,22; vgl. Jes 28,16). Die endzeitliche Alternative von Gericht und Heil, Verbleib im ewigen Dunkel oder Leben im göttlichen Licht, steht vor jedem Menschen im gegenwärtigen Kairos, der von

Gott gegebenen Zeit der Entscheidung; die Wahl des Heils muß vom Frommen gegenüber dem Ansturm des Teufels und seiner Dämonen behauptet werden. Diese eschatologische Situation ist kennzeichnend für das Existenzverständnis in der jüdischen Apokalyptik und in der Qumrangemeinde, nicht jedoch für die hellenistische Volksfrömmigkeit. Auch in dieser gab es die Vorstellung von besessenen Menschen und Dämonen. Aber die letzteren stellten keine Gefahr für die Menschheit dar, und Akte des Exorzismus boten eher ein erstaunliches Schauspiel als ein Zeichen für den Sieg über die Chaosmacht. Sie wiesen nicht über den Wundertäter hinaus auf den sendenden und Vollmacht schenkenden Gott; sie führten nicht zum Glauben an den Schöpfer und Erhalter der Welt. Das unterschied den Juden grundsätzlich vom hellenistischen Bürger, der auf die Macht des Kaisers und die Pax Augusta, nicht aber auf den Arm Gottes und auf seinen Schalom vertraute. Aber es sind auch zwei Glaubensweisen, die man im Zeugnis der Qumrantexte und im Neuen Testament entdeckt. Für den Qumranfrommen bot die Heilsgemeinde den sicheren Hafen im Sturm der Teufelsherrschaft (1QH 3,21; 6,25–27); die Christen fanden ihn in der Gemeinschaft mit ihrem Herrn, dem Messias Gottes. Die Wunder Jesu haben messianische Transparenz; besonders deutlich ist dies im Johannesevangelium, wo sie »Zeichen« genannt werden (vgl. Joh 20,30), Offenbarung der Herrlichkeit des Gottessohnes sind (2,11).

D. Die Antwort auf Jesu messianischen Dienst

1. Jesus und Glaube

a) Angesichts der nahen Gottesherrschaft hat Jesus ebenfalls vom Gericht gepredigt und die Rückkehr zu Gott gefordert. Diese bedeutet auch Abkehr von der Welt, jedoch nicht im räumlichen Sinn als Auszug in die Wüste. Aufzugeben sind die Götzen der Welt, so etwa der Mammon und die mit ihm verknüpften Neigungen: der Geiz, die Sorge um materielles Wohlergehen und der faule Frieden unter schlechten Regenten (Mt 6,1–33; 12,39–42). Aber den Menschen, die zerschlagenen Herzens sind, wird Gottes Vergebung und Hilfe verheißen (Lk 18,8–14; Mt 5,3–11). Auf solche Weise hat Jesus die Predigt eines Lehrers der Gerechtigkeit und Johannes des Täufers fortgesetzt. Was aber war das Neue in seiner Verkündigung? Was kann als einzigartig im Evangelium gelten, wo finden wir darin den unverwechselbaren christlichen Beitrag zum gottseligen und menschenwürdigen Leben? Gerhard Ebeling sieht in der Kraft des Glaubens den Brennpunkt des Wirkens Jesu und auch dessen große Gabe an uns[70]: Der Glaube kam in Wort und Werk Jesu zur Sprache, er trug und rettete die Menschen, die hilfesuchend an ihn herantraten. Dabei hat Jesus nicht etwa über den Glauben gepredigt oder seine Glaubenshaltung als beispielhaft dargestellt. Vielmehr hat er in anderen Glauben entzündet, ihn zugesprochen und zu heilender Mithilfe ermächtigt. Man könnte den Glauben Jesu mit der Gerechtigkeit Gottes bei Paulus vergleichen: Wie diese nicht nur als Eigenschaft des Schöpfers und Herrn der Welt, sondern auch als Gabe für die an Christus Glaubenden verstanden werden muß, so ist auch der Glaube Jesu eine sich schenkende, rettende und kreative Kraft. Sie strahlt auf die Menschen aus, die sie ergreift und führt; ungeahnte Energien für ein ungewohntes Handeln werden durch sie frei. Jesus rief in den Menschen den Glauben hervor, entdeckte ihn, brachte ihn ans Licht; er erweckte ihn durch sein tröstendes Wort in

Hilflosen und an Gott Verzweifelten. Dafür ein Beispiel: Jesus wartete nicht auf das Amen, das gewöhnlich als Ausdruck glaubender Zustimmung vom Empfänger eines Zuspruchs oder einer Verheißung gesprochen werden sollte. Vielmehr sprach er dieses »Amen« selbst, stellte es an den Anfang eines Heilswortes oder einer die Zukunft eröffnenden Erklärung; dadurch nahm er das Einverständnis des Hörers und sogar die Einwilligung Gottes gleichsam vorweg.[71] Auf solche Weise wurden der Zuspruch und sein Adressat in den Raum der göttlichen Kraft gestellt, in dem sich Jesu Wort als wahr und wirkungsmächtig erwies. Der zugeeignete Glaube erscheint in den Wundergeschichten als Kraft, die dem Kranken hilft: »Groß ist dein Glaube!« »Es soll so sein, wie du glaubst!« »Dein Glaube hat dich gerettet!« (Mk 5,34; 9,23f; 10,52; Mt 8,10.13; 9,28f; 15,28; Lk 17,19).

b) Ebelings Ausführungen sind engagiert und aufschlußreich. In der Tat gewinnt der Glaube in Jesu Wirken ein ganz neues Gewicht, auch im Vergleich mit dem Alten Testament. Das zeigt schon die Häufigkeit, mit der die Begriffe »Glaube« und »glauben« in den Evangelien erscheinen. Auch dienen gerade sie als Brücke, die vom irdischen Jesus zum verkündigten Christus führt: Jesus, der durch sein Evangelium den rettenden Glauben in bedrängten Menschen entzündet hat, wurde nach Ostern als Gegenstand des Glaubens und als Retter von Sünde und Tod bezeugt.

Aber Ebelings Darstellung macht den Eindruck, als sei der von Jesus erweckte Glaube – wie der alttestamentlich-jüdische – einzig auf Gott gerichtet. Auch erscheint die Haltung des Glaubens wichtiger als dessen Gegenstand: Nach Ebeling macht das Sich-Gründen in Gott frei für das echte Existieren und die Entweltlichung, für die Überwindung von Angst und Sorge. Das ist zwar richtig, aber nicht die ganze, von Jesus gelebte und spezifisch christliche Glaubenswahrheit. Dieser wollte in der Tat den Glauben an den lebendigen Gott entzünden, Menschen zum rettenden Glauben ermächtigen. Er hat nicht etwa nur den Gehorsam gegenüber dem Gesetz gefordert, sondern auch gerufen: »Habt Glauben an Gott!«, und zwar einen Glauben, der Berge versetzt (Mk 11,22f). Auch die Wunder Jesu, bei denen der Glaube herrliche Früchte trug, sollten zum Lobpreis des Gottes führen (Mk 2,12; Lk 13,13; 18,43), der den Menschen solche Vollmacht gegeben hat (Mt 9,8).

c) Wir müssen uns fragen, wen der vom irdischen Jesus geweckte Glaube zunächst zum Gegenstand hatte, und warum er im Neuen Testament eine so große Rolle spielt. Merkwürdig ist, daß von Jesus nirgends expressis verbis berichtet wird, er habe geglaubt und kraft seines Glaubens gewirkt; die paulinische Wendung »pistis Iēson Christou« (Röm 3,22.26; Gal 2,16; 3,22) meint ja nicht den »Glauben Jesu«, sondern den rechtfertigenden Glauben an ihn. Schließlich wird das Thema von Jesu Predigt, nämlich das kommende Gottesreich, nie zum direkten Objekt des Glaubens gemacht, so etwa: »Glaubt daran, daß Gott in Kürze erscheinen und eure Not ins Gegenteil verkehren wird!« Jesus rief statt dessen zur Buße oder sprach den geistlich Armen in Seligpreisungen die sie rettende Wende zu; der Glaube an das Evangelium (Mk 1,15) oder an die Rettung von Krankheit und Schuld wurde verlangt (Mk 5,36; 9,23).

Der Glaube im Neuen Testament ist messianisch zu verstehen: Weil die Apostel Jesus als den Christus bezeugen, darum spielen der Begriff und die Sache des Glaubens für sie eine so große Rolle; deshalb macht auch der Glaube an Christus Jesus das Christsein aus. Dieser apostolische Glaube ist in Jesus begründet: Weil er als Davidssohn wirkte, Dämonen austrieb und als Retter auftrat, hat er den Glauben entzündet, und zwar einen rettenden Glauben, der kräftiger, konkreter und personbezogener gar nicht gedacht werden konnte. Das erklärt auch, warum Glauben nicht als eine Haltung Jesu erscheint. Nach alttestamentlich-jüdischer Tradition ist der Messias ja nicht etwa ein Glaubender, sondern der von Gott Beglaubigte, Berufene und Beauftragte. Er wird am Ende der Tage »aufgestellt« und bewährt sich dadurch, daß er »Recht und Gerechtigkeit vollzieht im Lande, Juda und Israel hilft« (Jer 23,5). An diesen Auftrag sah sich Jesus schon aufgrund seines Namens gewiesen: »Jesus« = Jehōschūa bedeutet »Gott hilft, rettet« (Mt 1,21). Wie Israel an Gott und seinen Knecht Mose glaubte (2Mo 14,31; vgl. 19,9), so schließt der Glaube an Jesus den Glauben an Gott mit ein. Als Knecht Gottes und Werkzeug des Heils heißt der Messias auch Immanuel = »Gott mit uns« (Mt 1,23; vgl. Jes 7,14) oder »der Herr unserer Gerechtigkeit« (Jer 23,6).

d) Die Vollmacht, zu heilen und auch Sünden zu vergeben (Mk 2,1–10), wurde nicht jedem Menschen, sondern speziell dem »Menschensohn« anvertraut, der von Gott gesandt war und in dessen Auftrag handelte (Mk 2,10; vgl. Ps 103,3); nur diesem, dem messianischen Gottessohn, hatte der Vater alles gegeben (Mt 11,27). Der Glaube war vor allem auf Jesus gerichtet; dieser weckte das große Vertrauen in Gottes Gerechtigkeit und rettende Macht. Die Heilungswunder Jesu sind als Machterweise des Christus anzusehen; sie sollten den Glauben entzünden, der »Kommende«, d.h. der Messias, sei tatsächlich schon da (Mt 11,2–6). Dem »Gottessohn« (Mt 4,3.6; Mk 5,7) und dem »Heiligen Gottes« (Mk 1,24; Lk 4,34) traute man wunderbare Taten zu. Die Heilung Suchenden sprachen Jesus manchmal als »Davidssohn« an (Mt 9,27; 15,22; 20,30f; vgl. 12,23); sie bauten auf die Kraft des Gottesgeistes, der dem »Sproß« aus der Wurzel Isais verliehen wird (Jes 11,1f; vgl. Mk 6,2; Lk 5,17; Apg 10,38). Nach Lk 5,12 bat ein Aussätziger: »Herr, wenn du willst, kannst du mich rein machen!«, und nach Mt 9,28 fragte Jesus die beiden Blinden: »Glaubt ihr, daß ich euch heilen kann?« Der Glaube an Jesus den Messias wurde zum Kennzeichen echter eschatologischer Existenz (Mt 7,21; 10,37; 16,13–20). Besonders deutlich erscheint in der Apostelgeschichte der Glaube an Jesus als rettende Kraft; die Jünger haben »im Namen Jesu« geheilt (3,16; 14,8ff). Der Evangelist Johannes konnte die Wunder Jesu durchweg »Zeichen« nennen; sie sind den Glauben fordernde Hinweise auf den zum Heil der Welt gesandten Gottessohn (vgl. 12,27; 20,30f). Diese johanneische Zeichenhaftigkeit der Wunder bildet keinen Widerspruch zur Abweisung des wundersüchtigen Teufels (Mt 4,1–12) oder zur Ablehnung der Zeichenforderung der Pharisäer (Mk 8,11f). Jesus weigerte sich, demonstrative, den Glauben ersetzende »Zeichen vom Himmel her« zu tun. Aber er erwartete doch, daß seine Wunder über ihn Aufschluß gäben und seine Vollmacht erkennen ließen (vgl. Mt 9,28; 11,5). Und vor allem sollten Jesu Taten die Werke des Teufels zerstören und im Dienst der Durchsetzung des Gottesreiches stehen (Mt 12,28f).

e) An einem weiteren Punkt bedarf es einer kleinen Korrektur. Ebeling meint, die Art, wie Jesus den Glauben personal und als eine rettende Kraft bezeichnet habe, sei einzigartig und habe »im Spätjudentum keine Parallele« (S. 245f). Nun bedeutet in der Tat die Zusage Jesu: »Dein Glaube hat dich gerettet!« etwas Neues und Unerhörtes; sie liegt letztlich in seiner messianischen Vollmacht begründet. Sie ist aber nicht unbiblisch und unjüdisch. Denn m.E. wird mit ihr das wichtige Wort Hab 2,4 endzeitlich aufgerichtet und durch Jesu Autorität gedeckt: »Der Gerechte wird durch seinen Glauben leben«. Im Zuspruch Jesu an die Kranken, körperlich Geschädigten und von Gott Getrennten bedeutet nun dieses Habakukwort: »Dein Glaube an mich als Beauftragten Gottes schenkt dir Heilung und rettendes Heil; er wird dir zur Gerechtigkeit angerechnet!« Eine aufschlußreiche Deutung von Hab 2,4 finden wir im Habakukkommentar von Qumran. Diese Stelle wird dort auf die treu gebliebenen Glieder der Gemeinde bezogen: »Gott wird sie erretten aus dem Haus des Gerichts aufgrund ihrer Mühe und ihres Glaubens an den Lehrer der Gerechtigkeit« (1 Qp Hab 8,2). Das vom Propheten verheißene »leben« meint somit – wie für Jesus – das ewige Leben: Der Glaubende kommt nicht ins Strafgericht, er wird vor Gott als Gerechter bestehen und zum ewigen Leben eingehen. Dieser rettende Glaube war schon in Qumran personorientiert; er galt dem Meister, dem »Lehrer der Gerechtigkeit«. Er schloß jedoch den Gehorsam gegenüber dem Gesetz mit ein; denn die Glaubenden sind »Täter des Gesetzes«, die sich um die Wahrheit der Tora bemühen (1 Qp Hab 8,1–2). Der Lehrer, an den sie glauben, war der authentische Ausleger des Gesetzes und der Bote des nahen Gerichts. Die Aussage Hab 1,5: »Ihr glaubt es nicht, wenn es verkündigt wird«, wurde auf den Lehrer der Gerechtigkeit bezogen: Dieser verkündigte, was »kommen wird über das letzte Geschlecht«; aber die Abtrünnigen in Israel haben »nicht geglaubt« (1 Qp Hab 1,16–2,8). Wie Johannes der Täufer und auch Jesus, so war der »Lehrer der Gerechtigkeit« davon überzeugt, das Ende der Zeit sei nahe herbeigekommen. Nur konnte er noch kein Evangelium verkünden, denn der Messias war noch nicht da. Die Rettung, die Jesus bot, war zwar auch die (bessere) »Gerechtigkeit« (Mt 5,20). Aber Jesus »erfüllte alle Gerechtigkeit« (Mt 3,15), ging selbst den Weg der Gerechtigkeit; denn er machte als Gottesknecht die Vielen gerecht (Jes 53,11).

Dadurch wird der Glaube noch einmal anders bestimmt. Er entspricht nun der Glaubensweise, die in Jes 53,1 »gefragt ist«: »Wer aber glaubt unserer Botschaft, und wem wurde der Arm des Herrn offenbart?« Diese Stelle hat auch den spezifisch christlichen Glaubensinhalt mehr als alle anderen Prophetenworte geprägt; sie wird in Joh 12,38; Röm 10,16 zitiert (vgl. auch Röm 1,16f; 1Kor 1,18). Der Glaube an das stellvertretende, sühnende Leiden des Gottesknechts ist gemeint. Wie die skeptische Frage des Propheten zeigt, war dieser Glaube vom alten Israel kaum zu erwarten. Durch das Kreuz Jesu Christi wurde er noch mehr erschwert, vgl. Röm 10,16: »Nicht alle haben dem Evangelium geglaubt«, eben weil das »Wort vom Kreuz« ein Ärgernis war (1Kor 1,18.23). Als messianischer Gottesknecht gab Jesus mehr als eine Anleitung zur »Existenz in Gewißheit« (S. 247) und zu einem wahrhaft furchtlosen, freien Leben. Denn es ging in seinem Glaubensangebot um Zukunft im apokalyptischen Sinn, um das ewige Leben, das Gerettet-Werden im Endgericht (Mk 8,34ff; vgl. Joh 3,16; 20,31). Nur wenn man Jesu messianisches Sendungsbewußtsein und das Angebot des ewigen Lebens ernst nimmt, wird das Thema »Jesus und Glaube« angemessen behandelt und der Glaube als auf Christus gerichtet zutreffend bestimmt.

Auch die Rabbinen wußten von einem rettenden, auf Gott bezogenen Glauben, und zwar im Zusammenhang mit der Bewahrung Israels am Schilfmeer. Warum hat Gott dieses große Wunder getan und das Volk gerettet, das doch angesichts der Ägypter verzweifelt, ungläubig war und Mose mit schweren Vorwürfen überschüttete (vgl. 2Mo 14,10–12)? Einige Rabbinen lassen Gott sagen: »Der Glaube, mit dem euer Vater Abraham an mich geglaubt hat, verdient es, daß ich das Meer für euch spalte!«[72] Man mußte demnach auf den Glauben Abrahams verweisen. Denn der in der Schrift für Israel bezeugte Glaube an Gott und Mose (2Mo 14,31; vgl. 19,9) wurde erst nach der schon erfahrenen Rettung wach und nicht etwa mitten in der Krise erbracht. Somit war er kein rettender Glaube, sondern ein Glaube der Geretteten.

f) Schließlich war der Jesus zugewandte Glaube volkstümlicher, farbiger, als er in der existentialistischen Beschreibung Ebelings erscheint. Es wirkt fast wie Aberglaube, wenn sich die Frau mit dem Blutfluß von einer Berührung Jesu Heilung von ihrem langjährigen Leiden versprach und sie auch erfuhr. Jesus hat diesen Glauben keineswegs korrigiert, sondern bestätigt und »konfirmiert« (Mk 5,25–34; vgl. 6,54–56). Der rettende Glaube blieb auch nicht als »jemeiniger« auf einen Einzelnen beschränkt. Denn er konnte stellvertretend durch Dritte erbracht werden, so etwa vom Hauptmann von Kapernaum (Mt 8,8–10) und der Syrophönizierin (Mk 7,28), vom Vater des epileptischen Knaben (Mk 9,24) oder von den Trägern des Gelähmten in Kapernaum (Mk 2,3–5). Er hatte auch eine »soziale« Dimension: Ein Kraftfeld des Glaubens konnte entstehen, das auch die Zuschauer miteinbezog (Mk 2,12).

g) Nicht nur die Vollmacht Jesu, sondern auch dessen liebende Zuwendung haben Vertrauen erweckt. Das Grundmotiv, das Jesus bei den Heilungen leitete, war das Erbarmen, das Mitleid mit dem vom Satan gepeinigten Nächsten und den Menschen in Not (Mt 14,14; 20,30f; Mk 1,40ff; Lk 4,18f). Jesus war selbst der gute »Samariter«, der vom Erbarmen überwältigt sich zu dem unter die Räuber Gefallenen herabbeugte (Lk 10,37; vgl. die Auslegung Augustins, der im Gleichnis Lk 10,30–37 die ganze Heilsgeschichte vom Fall Adams (= der unter die Räuber Gefallene) bis hin zu Jesus (= der gute Samariter) und zu Paulus (= der Herbergsvater) entdeckte (Quaestiones Evangeliorum II, 19)). Wie Jesus als Vergebender und Heilender den himmlischen Vater vollmächtig unter den Menschen vertrat (Mk 2,1–12; vgl. Ps 103,3), so auch als der sich Erbarmende (Ps 103,8.13). Dieses Erbarmen und der Wille, demütig den Vielen zu dienen (vgl. Mk 10,45), machten den Gesandten Gottes anziehend für die Leidenden und führten nicht nur Juden, sondern auch Heiden zu ihm.

h) Die unorthodoxe, bahnbrechende Kraft des Glaubens an Jesus wird besonders in den Geschichten vom heidnischen Hauptmann und der syrophönizischen Frau sichtbar. In beiden Fällen stießen der Glaube an den Heiland und auch dessen Erbarmen an eine Grenze, die von Gott bei der Sendung Jesu gesetzt worden war. Deutlich aufgezeigt wurde sie der hilfesuchenden Frau im heidnischen Land (Mk 7,24–30; Mt 15,24): Jesus wies die für ihre besessene Tochter Bittende ab, und zwar mit dem Bild von den Hündchen, denen man nicht das Brot der Kinder gibt (Mk 7,27). Dabei scheint die von den Juden so stark beachtete rituelle Reinheit das Kriterium zu sein: Die Israeliten sind die Kinder im Haushalt Gottes, während die Heiden unreinen Hunden gleichen. Aber Jesus dachte nicht an eine solche Distanzierung und Degradierung der Heiden. Denn zum einen sprach er hier nicht von wilden Straßenhunden, sondern von den kleinen Haustieren und Spielgefährten der Kinder; zum anderen bedarf auch Israel des Retters und Hirten, der das Verlorene sucht (Mt 15,24). Die harte Haltung Jesu wird von Matthäus zutreffend mit dem Hinweis auf dessen Auftrag begründet: Gott hat ihn nur zu den verlorenen Schafen seines Volkes gesandt (15,24). Diese Begrenztheit des Wirkens Jesu wird auch vom Apostel Paulus bestätigt: Christus ist ein Diener der Beschneidung geworden (Röm 15,8); er wollte, daß ein gläubiges Israel das Licht der Welt und ein Zeuge des Heils für die Völker sein soll (Mt 5,13f; Jes 49,6). Aber der große Glaube der Heidin überwand die Schranke: Ihr geschah, wie sie wünschte; ihre Tochter wurde geheilt (Mt 15,27f).

i) Dennoch hat Jesus seinen Auftrag nicht eigenmächtig erweitert. Das kann man aus der parallelen Erzählung vom heidnischen Hauptmann von Kapernaum ersehen (Mt 8,5–13; Lk 7,1–10). Auch in ihr geht es um den begrenzten Auftrag, obwohl dies nicht ausdrücklich gesagt ist. Gewöhnlich wird Jesu Antwort auf die Bitte des Hauptmanns, den Knecht zu retten, als Zusage übersetzt: »Ich will selbst kommen und ihn heilen!« (Mt 8,7). M.E. wurde aber der Hauptmann zunächst genauso abschlägig beschieden wie später die Syrophönizierin; denn nur die Weigerung Jesu läßt die Reaktion des Heiden verstehen. Das in V. 7 an den Anfang gestellte »Ich« Jesu leitete nämlich eine erstaunte Frage ein: »Soll *ich* etwa kommen und ihn heilen?« Und der Hauptmann hat wohl dieser Frage ein ähnliches Urteil über die Heiden entnommen, wie sie für die Syrophönizierin im Bild von den Kindern und den Hündchen zum Ausdruck kam (Mk 7,27): Die Heiden sind rituell unrein, ein frommer Jude geht ihnen aus dem Weg. Daher seine Reaktion: »Herr, ich bin nicht wert, daß du unter mein Dach trittst!« (V. 8a). Aber Jesus hatte keine Furcht vor ritueller Verunreinigung, wie der Hergang der Heilung des Aussätzigen erwies (Mt 8,1–5). Vielmehr galt hier als Grund: Jesus war nur zu Israel gesandt (Mt 15,24; vgl. 8,10).

Wie bei der Syrophönizierin gewann ein starker Glaube das Heil. Dieser Glaube lehrte den Hauptmann richtig reden, obwohl er Jesu »Nein« falsch verstanden hatte (V. 8f). Ja, dieser Heide mutete Jesus eine Fernheilung zu, die eine rituelle Verunreinigung vermeiden ließ: »Sprich nur ein Wort, so wird mein Knecht gesund!« (V. 8b). Die unmöglich scheinende Möglichkeit wurde mit der Kommandogewalt eines Offiziers illustriert und so Jesus suggeriert: Das beauftragende Wort wird erfüllt; es setzt Menschen in Bewegung und bewirkt das Tun (V. 9). Mit dieser scheinbar unpassenden, weil dem verhaßten Heerwesen entnommenen Analogie wurde die Situation Jesu richtig erfaßt: Dieser war ja der Mann, der in Gottes Auftrag kam und ging und das befehlende Wort in die Tat umsetzte; darum hatte auch er Vollmacht und Befehlsgewalt. Jesus war über diese »Beredsamkeit« des Glaubens verwundert: »Wahrlich, ich sage euch: Bei keinem in Israel habe ich solchen Glauben gefunden!« (V. 10). Deshalb wurde die Bitte des Heiden erfüllt (V. 13).

Der Hauptmann hatte durch seinen vorbildlichen Glauben nicht etwa Jesus dazu verleitet, seinen Auftrag zu überschreiten. Vielmehr überwand er selbst die Schranke, die Juden und Heiden trennt: Durch seinen Glauben stellte er sich in den Raum des Heils, in die Mitte des Gottesvolkes hinein. Er redete so, wie es ein Israelit nicht besser hätte tun können, denn er glaubte stärker an Jesus, als dies bisher im Gottesvolk geschehen war. Sein Glaube hatte nicht nur den kranken Knecht, sondern auch ihn selbst gerettet, zu einem »Israeliten ohne Falsch« gemacht. Ebenso war es bei der Syrophönizierin.

Hier tritt die Bedeutung des Glaubens an die Sendung Jesu hervor. Dieser Glaube versetzt nicht nur Berge, sondern auch Menschen, bringt sie herein in den Raum des Heils. Die alten Schranken, auch die der völkischen und rituellen Reinheit, fallen. Die »Rechtgläubigkeit« entscheidet sich nicht mehr an der »Theologie« oder am Gehorsam gegenüber dem Gesetz, sondern an der Haltung zu Jesu Person, mit dem Glauben an ihn. Auch die Liebe zum Nächsten hat solch eine grenzüberschreitende Macht: Der barmherzige Samariter wurde durch seinen Liebeserweis am verwundeten Juden diesem zum »Nächsten«, d.h. zum Bundesgenossen (Lk 10,36f).[73]

k) Jesus hat nicht nur einseitig Glauben erweckt; vielmehr hat dieser Glaube seinerseits – gleichsam rückwirkend – ihm so nicht bekannte Sachverhalte entdeckt: Zum einen, daß solcher Glaube auch bei Heiden entstand, zum anderen, daß seine Kraft auch die Schranke um das erwählte Volk überwand. In der messianischen Zeit kam alles auf den Glauben an den rettenden Christus an. Diese Erkenntnis, die Paulus zum Programm erhob, leuchtet an einzelnen Punkten schon in den Evangelien auf.

Der Glaube kam durch Jesus so zur Sprache, daß er den Glaubenden zum rechten Reden ermächtigte. Der Hauptmann und die heidnische Frau sagten viel mehr, als sie selbst verstanden. Sie konnten sich Jesus als Glaubende offenbaren und aus Fernen zu Nächsten werden, denen er helfen mußte. Der heidnische Hauptmann bot in seinem Vergleich eine indirekte Christologie (V. 8f) und gab durch sein Verhalten einen

Hinweis auf die Kirche als neues Gottesvolk: Sie wird durch
den Glauben an Jesus erbaut (V. 10; vgl. Mt 16,17–19).

2. Die Jünger

Jesus war ein wandernder Lehrer, den ein Kreis von Jüngern
begleitete. Das muß nicht notwendig Hinweis auf einen Rabbi
sein. Josephus berichtet von einem Essener Judas, der um 100
v.Chr. auftrat: Er war von einer Schar von Schülern umgeben,
die von ihm die Kunst der Prophetie, d.h. wohl der prophetischen Schriftauslegung, erlernen wollten (Jüdische Altertümer 13,311). Solch eine Gruppe war vielleicht die Keimzelle
für die Mönchsgemeinde in Qumran. Josephus will selbst drei
Jahre lang der Jünger eines Bannus gewesen sein, der als Asket in der Wüste weilte, sich von dem nährte und kleidete,
was dort wuchs, und häufig rituelle Waschungen im kalten
Wasser vollzog (Vita 11–12). Bannus erinnert an Johannes
den Täufer, der ebenfalls einen festen Kreis von Jüngern gehabt haben muß (Mt 11,2; Mk 2,18; Lk 11,1); noch nach dessen
Tod und weit von Palästina entfernt haben sich Männer als Jo-
hannesjünger bekannt (Apg 19,1–6). Auch das jüdische Lehr-
haus schuf eine feste Gemeinschaft: Vor einem Rabbi saßen
die Schüler im Staub, um all die überlieferte Weisheit »mit
Augen, Ohren und jedem Gliede« in sich aufzunehmen. Oft
hingen solche Schüler nicht nur der Lehre, sondern auch dem
Lebensstil des Meisters an: sie ahmten ihn nach, aßen von seinem kärglichen Brot und bedienten ihn.[74]

Aber die Lebensgemeinschaft, die den Schüler zum Jünger,
den Lehrer zum Herrn und Meister macht, findet sich am
deutlichsten ausgeprägt im Jüngerkreis Jesu und davor in
Qumran. Wer zu den Heiligen des Klosters Qumran gehörte,
hatte sich von Vater und Mutter, Weib und Kindern getrennt.
Sein Hab und Gut wurde dem Verwalter des Ordensvermö-
gens übergeben und damit der Gemeinde, ja Gott selbst zur
Verfügung gestellt. Denn mit dem Augenblick, wo es dem
profanen, dem Eigennutz dienenden Wirtschaftsgefüge entnommen war, galt es als geweiht, als ein Opfer auf Gottes Al-

tar. Auch der Mönch hatte sich als lebendiges Opfer dargebracht und nicht nur sein Geld, sondern auch seine körperliche und geistige Kraft dem Dienst in der Gemeinde geweiht.[75] Und die Gemeinde trug und versorgte ihn: Er aß am gemeinsamen Tisch, er betete und beriet sich zusammen mit seinen Brüdern.[76] Statt der leiblichen Familie, die er preisgegeben hatte, gehörte er nun einer neuen, geistlichen Gemeinschaft an, die sich ebenfalls als Familie beschrieb.

a) Auch Jesu Jünger waren mit ihm in solch einer Lebensgemeinschaft vereint. Als Jesus sie rief, hatten sie alles verlassen, den Beruf aufgegeben und sich von den Eltern getrennt (Mt 4,18–22; 19,27; Mk 10,28–31). Das Verlassen von Vaterhaus und Heimat war schwer. Der Lehrer von Qumran klagt, man habe ihn ausgestoßen aus seinem Lande wie einen Vogel aus dem Nest, alle Verwandte und Freunde seien von ihm getrennt (Loblieder 4,8–9); Jesus konnte sagen, der Menschensohn habe keine Ruhestätte für sein müdes Haupt (Mt 8,20 par).

Jesus hat ebenfalls die leibliche Familie durch eine geistliche ersetzt. Seine Mutter und Geschwister, die ihn zu sich zurückholen wollten, wies er ab. Wer Gottes Willen tat, galt ihm als Bruder, Schwester und Mutter (Mk 3,31–35), und Gott selbst war der Vater dieser Familie (Mt 23,9). Wie die Mönche in Qumran aßen und beteten die Jünger Jesu zusammen. Sie lebten aus einer Kasse, aus der sie die Kosten für das gemeinsame Mahl bestritten (Mk 8,14), und Judas Ischariot, der »den Beutel trug« (Joh 12,6), war der Verwalter ihres Vermögens. Desgleichen hatte die Jüngergruppe ein eigenes, von Jesus gegebenes Gebet, was auch ein Merkmal der Täuferjünger war (Lk 11,1–4). Ausdruck der engen Verbundenheit dieser Gruppe war besonders die Tischgemeinschaft. Wie in Qumran galt es als schwerster Vertrauensbruch, wenn einer sich gegen den Meister erhob, der mit ihm zusammen das Brot aß; hier und dort wurde solcher Frevel mit dem Wort Ps 41,10 verurteilt.[77]

b) Wie eindrucksvoll das gemeinsame Leben und gerade die Mahlgemeinschaft mit Jesus gewesen sein muß, beweist das

Verhalten der ersten Christen in Jerusalem: ihr gemeinsames Beten, das Brotbrechen reihum in den Häusern und das Opfern von Geld, das man aus dem Verkauf von Besitz gewann (Apg 2,42–47; 4,32 bis 5,11). Dieser »Liebeskommunismus« war die natürliche Fortsetzung der von Jesus gestifteten Lebensgemeinschaft. In der jubelnden Freude, die das Mahl begleitete (Apg 2,46), bekundete sich die lebendige Hoffnung auf die Wiederkunft Jesu und das endgültige Zusammenleben mit dem erhöhten Herrn. Schon in Qumran war das gemeinsame Mahl endzeitlich orientiert; die Sitzordnung sah Plätze für den letzten Hohenpriester und den Messias vor (Zusatz zur Gemeinderegel 2,11–14). Bei den ersten Christen war der messianische Charakter des Mahles verstärkt. Es wurde früh »das Herrenmahl« genannt (1Kor 11,20), durch das man Christi Tod bis zu dessen Kommen verkündigt hat (1Kor 11,26).

c) Was die Gemeinschaft der Jesusjünger von der in Qumran gepflegten unterscheidet, ist einmal die Freude, die von der Botschaft Jesu und von den Siegen über den Satan ausstrahlt, zum andern die Freiheit und Offenheit gegenüber den Ordnungen und Gütern der Welt. Die Regeln des Jüngerlebens wurden nicht etwa zu einem allgemeinen und notwendigen Gesetz gemacht. Wie in Qumran, hat man das abgegebene Vermögen in der Urgemeinde zunächst auf ein separates »Konto« gezahlt, um es wieder zurückgeben zu können (Apg 5,4; Brian Capper, ungedruckte Dissertation Cambridge). Der Geist der Freiheit ging von Jesus aus. Er war zwar ehelos, hat aber nicht den Zölibat gefordert, sondern die Reinheit und Unauflöslichkeit der Ehe betont. Er war arm und mußte sich den Denar erbitten, mit dessen Hilfe er die Frage der Kopfsteuer für den Kaiser entschied (Mk 12,15–16); aber im Vergleich mit Johannes dem Täufer erschien Jesus dem Volke geradezu als ein Fresser und Weinsäufer (Mt 11,19). Den Jüngern erließ er das Fasten, denn sein Wirken zeigte die Endzeit mit ihrer hochzeitlichen Freude an (Mk 2,19). Die Jüngergemeinschaft blieb offen gegenüber der Welt.[78] Während in Qumran das feierliche Mahl nur den Reinen, den Vollmitgliedern, zugänglich war, brach Jesus mit allen das Brot, ja er setzte sich mit den Zöllnern und Sündern zu Tisch und bot ihnen so die Tischgemeinschaft des Gottesreiches an. Nach dem Vorbild der Priestertora ließ man die Blinden, Tauben, Lahmen und auch die geistig Beschränkten nicht zur Qumrangemeinde zu, denn ein unvollkommener Mensch taugt nicht zum Dienst für Gott (Zusatz zur Gemeinderegel 2,3–8; Fragment zur Damaskusschrift 15,15–17). Jesus dagegen verkündigte, daß Gott gerade solche Menschen zum großen Gastmahl hereinholen wird, wenn sich der anderweit gebundene Fromme seinem Rufen verschließt (Lk 14,18–24). Freilich nahm dann die Kirche schon früh eine an Qumran erinnernde Praxis auf, wenn sie den Katechumenen die Teilnahme am Abendmahl verbot.

d) Schließlich bleibt zu erwähnen, daß die Jünger nicht in eine Gemeinde eingetreten, sondern Jesus, einem einzelnen Manne, nachgefolgt sind. Der Begriff »nachfolgen«, der die völlige Bindung der Jünger an den irdischen Jesus beschreibt, gehört fest zur ursprünglichen Überlieferung; daß er von Anfang an etwas Neues und Einzigartiges gewesen sei[79], ist freilich etwas zuviel gesagt. Denn die Rabbinen zeigten mit ihm, wie sich der Schüler zum Lehrer verhält: Er geht einige Schritte hinter ihm her und bedient ihn.[80] Und schon in der vorchristlichen, zum Kreis von Qumran zählenden Damaskusschrift begegnet das dem griechischen Verbum akolouthein entsprechende hebräische halakh 'acharē, das wörtlich »hinter jemandem hergehen« meint; es bezeichnet auch dort die Bindung an den Lehrer (4,19–20). Freilich scheint dieser Begriff in Qumran nicht wichtig gewesen zu sein, zumal er an dieser einzigen Stelle auf einen falschen Lehrer bezogen ist. Statt des »Nachfolgens« finden sich auch Verben wie »sich anschließen an« oder »umkehren zu« (Damaskusschrift 4,3; 20,14–15); oder aber man beschreibt den Gehorsam dem Lehrer gegenüber als ein »Hören auf dessen Stimme«, das selbst dann noch gilt, wenn dieser nicht mehr unter den Lebenden weilt (Damaskusschrift 20,28.32).

Bedeutsam für die Nachfolge Jesu ist der Hintergrund des Alten Testaments, vor allem die Geschichte, wie Elisa durch

Elia vom Pflug weg berufen wird. Elisas Antwort ist in die Worte gefaßt: »Dir will ich nachfolgen« (1Kö 19,20). Von dort her wird auch die Strenge und Unerbittlichkeit des Rufes Jesu klar. Dem beim Pflügen berufenen Elisa wurde erlaubt, von Vater und Mutter Abschied zu nehmen (1Kö 19,20). Jesus verwehrte es, denn »niemand, der die Hand an den Pflug legt und zurückblickt, ist tauglich für das Gottesreich« (Lk 9,52).

e) Besonders dringlich war die Bitte, vor Beginn der Nachfolge den Vater bestatten zu dürfen (Lk 9,59). Denn in der ganzen Antike galt es als Pietätspflicht erster Ordnung, Vater und Mutter die letzte Ehre zu erweisen (Martin Hengel). Aber Jesus beschied einen bußwilligen Mann mit der radikal und rätselhaft klingenden Weisung: »Laß die Toten ihre Toten begraben; du aber geh weg und verkündige das Reich Gottes!« (V. 60). Warum diese Dringlichkeit, und was bedeutet das Begraben der Toten durch Tote? Für Jesus war nicht nur der gestorbene, sondern auch der lebendige Mensch schon »tot«, und zwar als Folge des Sündenfalls. Adam hatte im Paradies das vom Todesurteil bedrohte Verbot, vom Baum der Erkenntnis zu essen, übertreten und stand von da an unter dem Fluch der Vergänglichkeit (1Mo 2,16f). So ist auch der gefallene Mensch mitten im Leben vom Tod umfangen, sichere Beute des Todes (vgl. 1Mo 3,19); der Griff zum Baum des Lebens ist ihm verwehrt (1Mo 3,22). Aber das Reich Gottes ist der Raum, aus dem der Tod verbannt ist; die Toten stehen auf und leben ewiglich. Wer dieses Reich verkündigt, ist kein »Totengräber«, sondern ein Bote, der zum Leben mit Gott einlädt.

f) Freilich konnte Jesus den ihm nachfolgenden Jüngern auch sagen, der Weg mit ihm leite in den Tod: Wie Jesus selbst, so müsse auch der Jünger sein Kreuz auf sich nehmen (Mk 8,34), den Querbalken zur Richtstätte tragen, an dem er aufgehängt werden wird. Aber gerade dieser Weg ans Kreuz führt zum Leben im Gottesreich: Wer sein Leben um Jesu willen verliert, wird es retten (Mk 8,35). Denn das ewige Leben wird am sichersten und raschesten dadurch gewonnen, daß man das zeitliche Leben preisgibt. Mit solchen Sätzen paradoxer

Wahrheit wurden die Erwartungen der Jünger Jesu auf eine harte Probe gestellt. Zur Zeit Jesu haben freilich auch die Zeloten ähnlich gedacht. Sie setzten ihr zeitliches Leben für Gottes Sache aufs Spiel, gaben es preis, um dafür ein besseres zu gewinnen. Sie wollten Gott allein dienen und deshalb keinem sterblichen Herrscher wie etwa dem Kaiser in Rom gehorchen (Josephus, Jüdischer Krieg 2,118.433). Aber auch das Leben ihrer Gegner, selbst das der eigenen Landsleute, achteten sie gering angesichts der Pflicht, sich für die Ehre Gottes und die Heiligkeit des Landes einzusetzen (Josephus, Altertümer 18,5).

War nicht auch Jesus ein Zelot, ein Revolutionär, gewesen? Das wurde oft und wird auch heute noch manchmal behauptet. In der Tat: Jesus wurde geboren, als in Galiläa die Partei der Zeloten gegründet wurde, nämlich zur Zeit der Volkszählung, die Kaiser Augustus zum Zweck der Steuererhebung hatte durchführen lassen. Gegen die »Schätzung« richtete sich der Protest der Zeloten. Ihr Gründer, Judas von Galiläa, behauptete, es sei ein Frevel, die Zählung zu dulden und dem Kaiser Steuern zu zahlen (Altertümer 18,4), man dürfe außer Gott nicht auch noch den Römern gehorchen (Jüdischer Krieg 2,433). Und vor allem: Jesus starb den Tod der Zeloten, so wie die beiden (zelotischen) »Räuber«, die rechts und links von ihm gekreuzigt wurden.

g) Dennoch war Jesus in seinem Wirken alles andere als ein Zelot. Das zeigen manche seiner Gleichnisse und vor allem die Antwort, die er auf die Testfrage nach dem Recht der Kaisersteuer gab: Soll man sie zahlen oder nicht? Jesus entschied: »Gebt dem Kaiser, was dem Kaiser gehört!« Das heißt: Zahlt mit der Münze, die das Bild des Kaisers trägt und ihn als Eigentümer ausweist! (Mk 12,16f). Aber noch wichtiger ist die Weisung: »Gebt Gott, was Gottes ist!« (ibid.). Sie bedeutet, daß man das Gott gehörende »Geld« zurückzahlen soll; dieses »Geld« ist der Mensch. Nach der Mischna (Sanhedrin 4,5) ist der Mensch einer Münze vergleichbar. Denn Gott hat einen jeden von uns mit dem Siegel des ersten Menschen geprägt. Alle tragen wir Adams Bild, das auch das Ebenbild Gottes ist.

Aber im Unterschied zu den Kaisermünzen gleicht keine Gottesmünze völlig der anderen. Jeder Mensch ist unverwechselbar, ein Individuum wie der allererste, wertvoll in Gottes Augen wie Adam, für den die Welt geschaffen wurde. Wie gibt man Gott zurück, was Gottes ist? Indem man das Gebot der Nächstenliebe erfüllt, das Jesus neben das große Gebot von der Gottesliebe gestellt hat (Mk 12,31). Paulus ließ der Pflicht zur Steuerzahlung (Röm 13,7) das Gebot der Nächstenliebe folgen (Röm 13,8–10); so hat er die Weisung Jesu in Markus 13,17 richtig interpretiert. Durch die Liebe zum Nächsten bringt man diesen zu Gott und zahlt damit die Steuer, auf die es ankommt. Jesus, der die zerstreuten Schafe Israels sammelte und die Menschen mit Gott versöhnte, war – bildlich gesprochen – der beste »Steuerzahler« Gottes.

Gottesliebe und Nächstenliebe sind auch in der Nachfolge Jesu geeint. Meist wird im Alten Testament vom »Nachfolgen« im Blick auf die Götter der Heiden und auf Gott selbst gesprochen. Die Forderung, Gott nachzufolgen, war für die Rabbinen ein Problem; das geht besonders aus der auch sonst für das Neue Testament aufschlußreichen Stelle Soṭa 14a des babylonischen Talmuds hervor. Im Anschluß an die Weisung: »Dem Herrn, eurem Gott, folget nach!« (5Mo 13,4) wird gefragt, wie es denn möglich sei, Gott nachzufolgen, da dieser doch ein verzehrendes Feuer ist. Die Nachfolge Gottes wird im Dienst am Nächsten bewährt. Gott nachfolgen heißt, sein Verhalten zum Menschen nachvollziehen: Wie er die Menschen bekleidete (Adam und Eva), die Kranken besuchte (Abraham nach der Beschneidung), die Trauernden tröstete (Isaak nach 1Mo 25,11) und die Toten begrub (Mose nach 5Mo 34,6), so soll auch der Fromme an seinem Bruder tun. Nach dem Zeugnis des Matthäus hat Jesus die gleiche Forderung aufgestellt, jedoch nicht auf das Beispiel Gottes verwiesen, sondern sich mit dem geringsten der Brüder identifiziert (Mt 25,31–46). Solche Sätze lassen ermessen, welche Vollmacht Jesus für sich beansprucht hat: Ihm gilt es nachzufolgen, er nimmt die Wohltat am Geringsten der Brüder an, und das Verhalten zu ihm bestimmt das Maß des himmlischen Lohns (Mt 19,29; 25,34–40).

E. Das Leiden des messianischen Gottessohns

1. Die Gegner Jesu

In seinem 1961 erschienenen, viel beachteten Buch über den Prozeß Jesu[81] vertritt P. Winter die Ansicht, der Konflikt Jesu mit den Sadduzäern, Schriftgelehrten und Pharisäern sei in den Evangelien nicht objektiv dargestellt, sondern von einer antijüdischen Tendenz beherrscht. Alles hätten die Evangelisten von dem tragischen Tode Jesu her gesehen, ihre Bücher seien »im Schatten des Kreuzes gewachsen«. Schon Markus zeige, wie Jesus von Anbeginn einem wachsenden Widerstand und Unwillen seitens der geistigen und politischen Führer des damaligen Judentums begegnet sei; Verhaftung, Verhör und Auslieferung an Pilatus erschienen als zwangsläufige Folge der schon in den Anfängen entschiedenen, unerbittlichen Opposition. Winter meint, diese Darstellung sei zwar aufgrund der gescheiterten Judenmission der Kirche verständlich, verzerre jedoch den tatsächlichen Sachverhalt. Man müsse damit rechnen, daß Jesus auf die Anzeige der Sadduzäer hin von Pilatus verhaftet und gekreuzigt worden sei, auch habe er wohl den einen oder anderen Pharisäer zum Gegner gehabt. Aber an einen grundsätzlichen Gegensatz zwischen ihm und den Pharisäern sei nicht zu denken, vielmehr sei Jesus selbst ein Pharisäer gewesen. Die in den Evangelien berichteten Streitgespräche hätten ihren »Sitz im Leben« in der christlichen Kirche, nicht in der Historie Jesu von Nazareth. Nie werde von den Evangelisten der Name eines einzelnen Gegners Jesu genannt, vielmehr trete dieser stets anonym, als der Sprecher einer Partei auf. Das verrate den Antagonismus zweier Gruppen, eben der Christengemeinde und der ungläubigen Juden. Mit anderen Worten: Die Widersacher der Kirche wurden als Gegner des historischen Jesus beschrieben und die strittigen Punkte der späteren Zeit durch das Machtwort des Herrn der Kirche entschieden. Auch den vierten Evangelisten zieht Winter als einen Zeugen für die situationsbedingte Zeichnung der Gegner heran; er spreche nie von den Sadduzäern, und zwar aus dem einfachen Grunde, weil diese zum Zeitpunkt, als er das Evangelium verfaßte, erledigt gewesen und deshalb auch nicht mehr als Gegner der Christen aufgetreten seien.[82]

a) Winter hat mit großem Scharfsinn vieles richtig gesehen. Die Sadduzäer, nicht die Pharisäer, gehören in Jesu Leidensgeschichte; aber das geht ja – wie Winter selbst zeigt – aus dem Evangelium des Markus eindeutig hervor.[83] Auch sind die Evangelisten in mancher Hinsicht kritisch gegenüber den Juden eingestellt; das trifft auch für den Judenchristen Matthäus zu. Dagegen sieht der vierte Evangelist in den Juden nicht so sehr die Angehörigen des jüdischen Volkes als vielmehr die Vertreter der gottfeindlichen Welt. Die antijüdische Tendenz wird bei ihm durch die dualistische Weltschau und die existentiell-kerygmatische Absicht im Grunde aufgehoben. Von ihr her gesehen ist es weniger wichtig, ob der Evangelist Pharisäer oder Sadduzäer, Kaiphas oder Pilatus gegen Jesus auftreten läßt. Ferner erscheint es fraglich, ob dieses Evangelium von den anderen zeitlich weit abgesetzt werden darf; schließlich spielten die Sadduzäer auch in der Zeit, als Matthäus und Lukas schrieben, längst keine Rolle mehr.

Die synoptischen Streitgespräche gehören nicht in die Geschichte der christlichen Kirche. Was hätte denn z.B. die Gemeinde in Rom, in der das Markusevangelium höchstwahrscheinlich entstanden ist, mit den Sadduzäern, dem Priesteradel Jerusalems, zu tun gehabt? Weshalb hätte sie mit ihnen über die Auferstehung der Toten diskutieren sollen (vgl. Mk 12,18–27)? Solch eine Debatte paßt ebensowenig in das Rom zur Zeit des Jüdischen Krieges[84] wie die pharisäische Frage nach dem obersten Gebot. Das jüdisch-christliche Gespräch war ganz von dem einen großen Problem beherrscht, ob Jesus der von Gott gesandte Messias gewesen sei oder nicht; das verrät die Apostelgeschichte und wird auch im Dialog Justins mit dem Juden Tryphon deutlich gezeigt.

b) Auch an diesem Punkte ist es ratsam, die Qumrantexte mit heranzuziehen, denn sie verraten viel von der Polemik jüdischer Parteien in der neutestamentlichen Zeit. Sie berichten von mancherlei Gegnern und führen die Auseinandersetzung mit ihnen in aller Schärfe. Aber auch hier wird kein Name genannt. Sogar die Parteibezeichnungen »Sadduzäer« oder »Pharisäer«, die uns vom Neuen Testament her so geläufig sind, werden in den Rollen vom Toten Meer nie gebraucht, was die Bestimmung der gemeinten Gegner sehr erschwert. Sie erscheinen aber in den rabbinischen Diskussionen, wie sie in Mischna Jadajim 4,6–8 überliefert sind.[85] In Qumran hat man zunächst gegen den Priesteradel Jerusalems gekämpft; es ist die gleiche Gruppe, die im Neuen Testament mit den Sadduzäern und Hohenpriestern gemeint ist. Der Widersacher des Begründers der Qumrangemeinde wird grundsätzlich als »gottloser Priester« beschimpft – was gäben wir darum, wenn uns eine einzige Stelle seinen Namen nennte! Eine weitere, um den »Lügenmann« gescharte Gruppe ist vor allem als »Forscher nach glatten Dingen« bezeichnet. Damit sind wohl die Pharisäer gemeint. Ihr redliches Bemühen, die Gebote des mosaischen Gesetzes den veränderten Lebensbedingungen der eigenen Zeit anzupassen und damit ihre Erfüllung zu ermöglichen, erschien den Männern von Qumran als ein vom Teufel eingegebener Kompromißversuch. Solche Exegese war Irrlehre; die Pharisäer verführten das Volk: »Mit spöttischer Lippe und anderer Zunge sprechen sie zu deinem Volk und profanieren all ihr Tun durch Trug«, klagt der Beter der Loblieder zu Gott (4,16–17). Es blieb nur zu hoffen, den »Einfältigen«, der ungelehrten Masse, möchten rechtzeitig die Augen aufgehen, so daß sie den Weg zum wahren Israel fänden.[86] Solche Stellen zeigen, daß die Kritik der Evangelisten gegen die Pharisäer, Schriftgelehrten und Sadduzäer nicht erst später in den von der Synagoge geschiedenen Gemeinden entstand. Sie geht in ihrer Schroffheit und Einseitigkeit auf prophetische Gestalten wie Johannes den Täufer oder vor allem auf Jesus zurück. Der Vorwurf der Heuchelei, der in den Evangelien den Pharisäern gemacht wird, hat bedauerlicherweise zu einer unverantwortlichen, folgenschweren Verallgemeinerung und zur Gleichsetzung von Pharisäer = Heuchler geführt. Aber es handelt sich dabei um eine einmalige, prophetische Kritik und nicht etwa um eine Charakteristik, die sich als sprichwörtliche Redensart ausmünzen läßt. Sie ist nicht grundlos, denn auch im Talmud gibt es ein ähnliches Urteil: Gewisse Pharisäer gleichen »Gefärbten«, d.h. zweideutigen Menschen; ihr Tun steht nicht im Einklang mit dem, was sie als himmlischen Lohn erwarten (b Sotah 22b).

Aber es gibt nach dieser Stelle auch die Pharisäer aus Liebe und aus Gottesfurcht; Jesus selbst konnte zu einem von ihnen anerkennend sagen: »Du bist nicht fern vom Reiche Gottes« (Mk 12,34). In der Qumrangemeinde wurden sowohl Pharisäer als auch Tempelpriester kritisiert. Aufs Ganze gesehen verrät eine solche Polemik ein leidenschaftliches Ringen um die Wahrheit der Schrift, ein Sich-Mühen um den Weg zum ewigen Leben. Jesus hat ja angesichts des nahen Gottesreichs nach dem eigentlichen, ursprünglichen Willen Gottes gefragt. Dieser steht hinter dem Buchstaben der Gebote und erscheint vor allem »am Anfang der Schöpfung«; er ist aus deren idealer Ordnung zu erschließen (Mk 10,6). Ferner lehnte Jesus die von den Pharisäern betriebene kasuistische Auslegung der Einzelgebote und die sie sanktionierende mündliche Überlieferung ab: Sie ist Menschenlehre und nicht Gottes Wort (Mk 7,8f). Schon aus diesem Grunde kann er kein Pharisäer gewesen sein, wie dies heute manchmal behauptet wird (Joseph Klausner; Paul Winter; ähnlich David Flusser). Von allen jüdischen Gruppen, einschließlich der Essener, trennte ihn die Zurückhaltung gegenüber den Reinheitsgeboten und auch dem Opferkult im Tempel. Unerhört war seine Lehrautorität, sein der Weisung Moses scheinbar entgegengestelltes eigenes Urteil: »Ich aber sage euch!« Es mußte höchstes Befremden und die Frage hervorrufen: Was hielt denn dieser Jesus von sich, woher leitet er seine Vollmacht ab?

c) Es ist klar, daß der Anspruch Jesu den Auftrag eines Rabbis, des Lehrers der Gerechtigkeit oder auch Johannes des Täufers, dieses prophetischen Rufers vor dem Ende, weit überstieg. Jesus war ein Mann, der sich wie diese von Gott beauftragt wußte, aber eben auch an dessen Stelle handeln konnte. War er als solcher ein Mann ohne Amt, weil eine

Funktionsbezeichnung wie »Lehrer der Gerechtigkeit« oder »der Täufer« fehlt?

Wer von Gott gesandt war, mußte den Menschen Rechenschaft geben. Das war schon bei Mose der Fall (2Mo 4,2ff). Seine Rolle, sowie die seines Bruders, wurden von Gott selbst klar bestimmt: »Siehe, ich mache dich für den Pharao zu einem Gott, und dein Bruder Aaron soll dein Prophet sein!« (2Mo 7,1). Ähnlich wie diese »Rollenbeschreibung« enthält die bei der Taufe Jesu ergehende Himmelsstimme einen Auftrag, eine Generalbevollmächtigung: Ich achte dich als meinen Sohn, du sollst mein Volk retten wie damals Mose und Aaron (Mt 3,16–17; vgl. 1,21).

Auch in der neutestamentlichen Zeit hatte der von Gott Gesandte den ihm gegebenen Auftrag so darzulegen, daß er sich von der Schrift her als einsichtig und wahr erwies. In den Qumrantexten tritt die Person ganz hinter Funktion und Amt zurück. Der Gründer der Gemeinde wurde nicht etwa beim Namen, sondern nach seiner Tätigkeit bezeichnet: Er war der »Lehrer der Gerechtigkeit«, dem ein »gottloser Priester« bzw. ein »Lügenmann« gegenüberstand; andere Kontrahenten waren etwa die »Forscher nach glatten Dingen«. Johannes wurde vom Volk »der Täufer« genannt; Jesus sah in ihm einen Propheten (Lk 7,26). Die Evangelisten zeigen, wie man sich darüber den Kopf zerbrach, wer Jesus sei (Mt 16,13f); und Jesus selbst hat seine Jünger danach gefragt, was die Leute von ihm hielten (Mk 8,27f par). Als Antwort darauf wurde ein bestimmtes biblisches Amt oder der Name eines Mannes erwartet, der ein besonders begnadeter Träger eines solchen Amtes war: ein Prophet wie Elia oder Jeremia, Johannes der Täufer oder der Messias (Mt 16,14–16). Hieraus wird ersichtlich, daß ein von Gott gegebener Auftrag, eine autoritative Verkündigung und vollmächtige Handlungsweise stets klar benannt werden mußten. Sie wurden mit Hilfe von vorgeschriebenen Vorstellungen und Begriffen dargestellt und begründet. Und wie hat Paulus um die Anerkennung seines Apostelamtes gekämpft!

d) Jesus hat deshalb mehrfach in ihm eigentümlichen Aussagen von seinem Auftrag und dem Sinn seines Kommens Rechenschaft abgelegt und sich dabei als Gesandten Gottes legitimiert: Ich bin (bzw. der Menschensohn ist) dazu gekommen, zu heilen und zu dienen, zu suchen und zu retten, was verloren ist (Mk 2,17; 10,45; Lk 19,10). Solche Sätze sind nicht etwa der Reflexion der christlichen Gemeinde zuzuschreiben (das meint R. Bultmann), sondern der Rechtfertigung Jesu: Er stellte sich so dem Volk als Gesandten Gottes vor und gab seine Aufgabe bekannt. Dabei wollte er sagen: Ich handle nicht eigenmächtig, sondern weisungsgebunden; ich bin der Stellvertreter dessen, der mich gesandt hat. Auf solche Weise hat er indirekt sein messianisches Amt expliziert und neu definiert. Dieses Amt war im Alten Testament begründet; auch das anstößige Leiden des Messias sah er dort angezeigt.

2. Jesu Leidensbereitschaft

a) Das von Petrus als dem Sprecher der Jünger abgelegte Bekenntnis zum Christus und Gottessohn (Mt 16,17) bedeutete einen Wendepunkt auf dem Weg Jesu; es hat den Entschluß, nach Jerusalem hinaufzuziehen, ausgelöst (Mt 16,21). Denn grundsätzlich wird dort der Messias zum König eingesetzt; in dieser Stadt entscheidet sich sein Geschick. Jesus hat jedoch auch seine Verwerfung und deren schwere Folgen vorhergesehen: »Der Menschensohn wird den Menschen in die Hand gegeben werden« (Mk 9,31). Wie Joachim Jeremias zu Recht betont, ist dieser Teil der Leidensansage schon aufgrund des Wortspiels zwischen Menschensohn und Menschen altertümlich und Jesus selbst zuzuschreiben. Das dabei gebrauchte Verb »übergeben werden« ist m.E. ein Hinweis auf das Lied vom leidenden Gottesknecht (Jes 53), in dessen griechischer und aramäischer Übersetzung gerade dieser Begriff mehrfach gebraucht wird. Dabei wird auch mitgehört, warum dieser Gerechte leidet und stirbt: Gott »gab« ihn für unsere Sünden »dahin« (Jes 53,6 LXX), »er wurde wegen ihrer Sünden übergeben« (V. 12 LXX), hat sein Leben in den Tod »gegeben« (ibid.), es dem Tode ausgesetzt (V. 12b Targum; vgl. Targum zu V. 5). Jedem, der Jesu »Übergebenwerden« als einen Hinweis auf Jes 53 verstand, mußte sich von daher der Sinn seines Leidens erschließen: Der Menschensohn von Mk 9,31 wird als messianischer Gottesknecht getötet werden, und zwar an unserer Statt, für unsere Sünden. Dieses »Für uns« steht auch in den anderen Leidensankündigungen (Mk 8,31; 10,33) zwischen den Zeilen. In ihnen wird nämlich noch deutlicher an dieses für Jesus maßgebende Lied erinnert. Der Menschensohn muß leiden (Mk 8,31a), wenn er sich mit dem in der Schrift angekündigten Gottesknecht identifiziert und dessen Schicksal übernimmt. Er wird wie dieser getötet werden (vgl. Jes 53,12), aber dann Licht sehen (53,11), d.h. zum Leben auferstehen (vgl. Mk 8,31 Ende). Das Wort Mk 8,31 ist demnach Jesus durchaus zuzutrauen, es steht zum Messiasbewußtsein nicht im Widerspruch; auch der Targum hat im Gottesknecht von Jes 53 den Messias gesehen, diesen allerdings vom Leiden verschont. Und angesichts der damaligen Regierungskonstellation und Rechtslage in Jerusalem könnte selbst die letzte dieser Leidensankündigungen (Mk 10,33f) – trotz ihrer konkreten Einzelzüge! – als solche denkbar und historisch sein. Volle Klarheit über die Leidensbereitschaft Jesu wird aus den wichtigen Worten Mk 10,45 und Mk 14,22–24 gewonnen. Die zentrale Bedeutung von Mk 10,45 haben neuerdings Werner Grimm und ihm folgend Peter Stuhlmacher, Seyoon Kim und Bernd Janowski herausgestellt. Rudolf Bultmann und anderen gegenüber konnten sie die Echtheit dieser Aussage zeigen. Unter Rückgriff auf Jes 43,3f und Jes 53,12 hat Jesus seinen Jüngern das Ungewöhnliche, aller weltlichen Denkweise Zuwiderlaufende seines Weges klar gemacht: Er ist zwar der Menschensohn, d.h. der von Gott erwählte König der Endzeit, aber als solcher das Gegenteil zu den von unten kommenden Großmächten; sein Regiment ist ganz anders als das der Herrscher in der Welt, die ihre Völker unterjochen und vergewaltigen (Mk 10,42; vgl. Dan 7,1–8).

Auch vom Menschensohn des Danielbuches unterscheidet sich Jesus während seiner Wirksamkeit auf Erden. Nach Dan 7,14 sollen alle Völker dem mit Vollmacht und Herrlichkeit betrauten Menschensohn dienen. Jesus dagegen betont, er sei als Menschensohn nicht dazu gekommen, sich dienen zu lassen; vielmehr will er dienen und sein Leben als Lösegeld für die Vielen dahingeben (Mk 10,45). Diese Umkehrung beruht auf einem Gegensatz, der auch für die Jünger Jesu maßgebend sein soll: Der Größte unter ihnen soll nicht der Herr, sondern der Diener aller anderen sein (Mk 10,43f). Wie W. Grimm richtig sah, ist diese christliche Dienstordnung nicht zuletzt an Jes 43,22–25 ausgerichtet: Gott, der Herr, dem sein Volk doch dienen sollte, hat sich zum Diener machen lassen, und zwar durch die Sünden Israels, die er nun wegschaffen muß. Denn die Schuld wird nicht etwa durch Opfer gesühnt, sondern von Gott selbst getilgt »um meinetwillen« (Jes 43,25). Und sein Knecht »dient« dadurch, daß er sich als Opfer hingibt: Er trägt die Sünden des Volkes, stirbt stellvertretend für die Vielen (Jes 53,4f.12). Als messianischer »Menschensohn« folgte Jesus dem Willen Gottes und übernahm die Rolle dieses dienenden, sich opfernden Gottesknechts; er war der »Mensch«, der sein Leben als Lösegeld für uns dahingab (Mk 10,45 nach Jes 43,3f).

b) Als messianischen Gottesknecht stellte sich Jesus auch beim letzten Mahl mit den Jüngern dar. Im Rahmen einer Passafeier hat er die in Mk 10,45 bekundete Bereitschaft, den von Jes 53 vorgeschriebenen Weg zu gehen, durch eine zeichenhafte Handlung »end-gültig« bestätigt. Bei diesem letzten Mahle hat er vor allem Jes 53,12 gleichsam inszeniert und den Jüngern die Frucht seines Todes geschenkt. In dieser krönenden Schlußverheißung des Gottesknechtslieds werden der Sinn des stellvertretenden Leidens und der gerechte Ausgleich vor Augen gestellt: Weil der Gottesknecht sein Leben zum Tod ausgegossen und die Sünden von Vielen getragen hat, teilt ihm Gott die Vielen zu, und er selbst wird mit den Starken Beute teilen. Jesus wollte diese »Beute« mit dem Sieg über die Sünde erstreiten; so wird er Vergebung der Sünden, Freispruch und Freilassung für die von der Sünde Geknechteten erwirken. Von Jes 53,12 erklärt sich auch die Wahl der Deute-Elemente Brot und Wein, sowie die mit ihnen bezeichnete Dahingabe und »Verteilung« von Leib und Blut: An seinem Leibe wird Jesus die Sünden der Vielen ans Holz hinauftragen (vgl. Jes 53,12 in 1Petr 2,24); darum hat er beim Mahl mit dem Brot seinen Leib,»sich selbst« (ʿasmô für ʿǎsûmîm) an die Jünger »verteilt«. Und weil der Gottesknecht sein Leben für die Vielen »ausgießt« (Jes 53,12), hat Jesus den Wein der Passafeier auf sein Blut gedeutet, das er am Kreuz zur Sühnung der Sünden vergießen wird. Darum bedeutet das »Verteilen« der so gedeuteten Mahl-Elemente, daß Jesus den Seinen die Frucht seines Todes im voraus gab. Dieses Mahl wurde nach der Auferstehung des Herrn zum Gedächtnis an sein stellvertretendes Leiden wiederholt in den Gemeinden gefeiert. Denn nach Ostern war erst recht die Zeit der Verteilung und Selbstmitteilung gekommen: Der erhöhte Herr gibt nun den Gliedern seines geistlichen Leibes geistliche Gaben. Der Christus ist somit schenkende, »donative«, Existenz: Er wird nicht »geteilt« (1Kor 1,13), nicht in sich gespalten wie das Reich des Teufels (Mk 3,24), sondern »teilt« sich mit und ist eins mit dem Vater und eins mit den Vielen, die ihm der Vater zugeteilt hat (Jes 53,12).

Nicht nur in einzelnen Worten, sondern auch in ganzen Geschichten kommt zum Ausdruck, daß Jesus als Menschensohn den Dienst des Gottesknechts vollziehen wollte, daß das Kreuz von Golgatha die bewußt herbeigeführte Erfüllung von Jes 53 darstellt. Die Geschichte von der Verklärung Jesu stimmt schon in ihrem Aufbau mit Jes 52,13–53,12 überein. Denn der Schau des Erhöhten und Verherrlichten (Mk 9,2f.7f; vgl. Jes 52,13) folgt die Ankündigung seines Leidens (Mk 9,11–13; vgl. Jes 53,1–9).[87] In der Erzählung von Jesu Salbung in Bethanien (Mk 14,1–9) wird mit dem merkwürdigen Wort »mishchat« von Jes 52,14 der Handlungsablauf zusammenge halten: Die »Salbung«, die angebliche »Verschwendung« und das »Begräbnis« Jesu lassen sich mit »mishchat« verbinden; auch in Mt 6,16–18 ist es kunstvoll verwendet (salben – sich verstellen).

c) Jesu Leidensbereitschaft entsprach nicht der jüdischen Messiaserwartung. Zwar war er – wie schon der Name »Jesus« anzeigt (Mt 1,21) – ein Retter. Aber das Gottesvolk sollte nicht von politischen Gegnern, aus dem Sklavenhaus Ägyp-

ten oder von Rom, befreit werden, sondern von der Knecht-
schaft der Sünde (vgl. Ps 130,8). Angesichts der nahen Gottesherrschaft ist nicht die politische Rolle Israels unter den Völkern entscheidend, sondern die Kraft seines geistlichen Dien-
stes: Es soll Salz der Erde und Licht der Welt sein (Mt 5,13–16).
So hat Jesus die Verheißung vom priesterlichen Königtum
(2Mo 19,6) gedeutet und selbst den entscheidenden priesterlichen Dienst getan. Durch das Kreuz des Gottessohnes wurden
die blutigen Opfer im Tempel relativiert. Schon in Jes
43,3f.22–25 und Kap. 53 hatte Gott angedeutet, daß letztlich
nicht das Blut von Tieren die Sünden sühnt, sondern sein eigener Dienst und das Selbstopfer seines Knechts. Freilich hat
sich das toratreue Israel gegen die Konsequenzen aus der
Weissagung des Propheten Jesaja gewehrt. Die nach der Zerstörung des zweiten Tempels entstandenen Rechtsbücher
Mischna und Talmud tradierten die Opferbestimmungen
weiterhin als geltendes göttliches Recht, obwohl diese gar
nicht mehr durchführbar waren.

Ein ähnlicher Zwiespalt findet sich in den Schriften von
Qumran. Nach der Trennung vom Jerusalemer Tempel hatte
man in Qumran die Idee eines lebendigen Heiligtums entfaltet und auch den Opferkult vergeistigt: Das Lobopfer der Lip-
pen und die Werke des Gesetzes wurden als Gott wohlgefälli-
ge Dienste gepriesen; man brachte sie im geistlichen Heiligtum der Endzeitgemeinde dar (Gemeinderegel 9,4f; 4 Q Florilegium 1,3–7). Aber in der neuerdings veröffentlichten Tempelrolle (11 Q Miqdash) aus der Höhle 11 in Qumran ist ein
reales Heiligtum mit einer Fülle blutiger Opfer vorgeschrie-
ben. Freilich ist dies der Tempel, wie er eigentlich durch Salomo hätte gebaut werden sollen.[88] Letztlich baut Gott sich
selbst ein Heiligtum mit den von ihm erwählten Menschen;
sie sind seine Steine. Johannes der Täufer verkündigte, Gott
könne »aus diesen Steinen« (vgl. 1Mo 28,21f) dem Abraham
Söhne erwecken; wie die Qumrangemeinde hat wohl auch
der Täufer an die Erschaffung eines lebendigen, endzeitlichen
Heiligtums gedacht.

Konsequenter ging Jesus vor. Bei seinem Einzug in Jerusalem hatten ihn die Festpilger als »Davidssohn« gefeiert (Mt

21,9), als den Mann, für den die Königsherrschaft Davids aufgerichtet werden wird (Mk 11,10). Mit der Vollmacht des
Messias hat Jesus daraufhin den Tempel »gereinigt«, ihn umge-
widmet: Er sollte ein Bethaus für alle Völker sein (Mk 11,17;
vgl. Jes 56,7). Denn nur das Gebet, nicht das Opfern von Tieren,
kann noch sinnvoll sein, wenn der Messias »Jesus« das Gottesvolk von seinen Sünden gerettet (Mt 1,21), wenn der Menschensohn sein Blut für die Vielen vergossen hat (Mk 10,45;
14,24). Jesus wies deshalb auf den nicht mit Händen gemachten
Tempel hin (Mk 14,58) und meinte damit die Kirche, die er aus
den Erwählten auf das Fundament des Felsenmannes Petrus erbauen wird (Mt 16,18). Diese Vergeistigung von Tempel und
Opferkult wurde durch die Mission der Apostel im ökumeni-
schen Maßstab fortgeführt: Die Kirche aus Juden und Heiden
besteht aus lebendigen Steinen (1Petr 2,5). Die Glaubenden
bringen ihre Leiber als heiliges und Gott wohlgefälliges Opfer
dar (Röm 12,1); so verwirklichen sie die Verheißung vom allgemeinen Priestertum des Gottesvolks (1Petr 2,9).

3. Der Weg nach Golgatha: Warum das Kreuz?

Das fundamentale Faktum, zu dem das Fragen nach dem historischen Jesus immer wieder hinführt, ist dessen Tod am Kreuz.
Den liberalen Jesusforschern wird heute manchmal der Vorwurf gemacht, sie hätten für diese Tatsache keine rechte Erklärung gehabt: Wie war es möglich, daß der fromme und liebens-
werte Lehrer einer besseren Moral gekreuzigt werden konnte![89] Aber kann die Schule Bultmanns darauf eine bessere Antwort geben? Warum sollte ein Prophet und Rabbi, ein »Rufer
vor dem Ende«, des Kreuzes würdiger gewesen sein als der liberale Lehrer einer höheren Moral? Es genügt nicht, auf Jesu
Konflikt mit den Pharisäern hinzuweisen, auf die souveräne
Art, mit der er das Gesetz behandelt, es verschärft oder an einzelnen Punkten neu gedeutet hat. Denn nach jüdischem Recht
soll der falsche Prophet und Verführer gesteinigt werden (5Mo
13,11); außerdem waren nicht die Pharisäer, sondern die Priester Jerusalems die treibende Kraft in Jesu Prozeß.

a) Die Kreuzigung ist unter den vom jüdischen Strafrecht vorgeschriebenen Hinrichtungsarten nicht erwähnt.[90] Der römische Präfekt Pontius Pilatus sprach über Jesus das Todesurteil, und die Kreuzigung wurde von einem römischen Hinrichtungskommando durchgeführt (Mk 15,15–20). Man hat deshalb neuerdings oft behauptet, die jüdische Obrigkeit habe mit dem Prozeß Jesu nichts zu tun gehabt: Hätte das Synhedrium in Jerusalem ihn zum Tode verurteilt, so wäre Jesus gesteinigt worden. Aber im Lichte der größten unter den bisher gefundenen Schriftrollen von Qumran, der sogenannten »Tempelrolle« (11 Q Miqdash), ist diese Schlußfolgerung nicht mehr möglich. Vielmehr waren – wie die Evangelisten das berichten – beide Gerichte (das Synhedrium als oberste jüdische Instanz und der römische Präfekt als Vertreter der kaiserlichen Justiz) an der Verurteilung Jesu beteiligt. Welche von beiden Instanzen trifft die Schuld am Tod dieses Gerechten? Diese Frage wurde viel diskutiert; es fragt sich aber, ob sie überhaupt richtig gestellt ist.

Die Kreuzigung wurde in der Tat vor allem von den Römern praktiziert. Sie galt ihnen als die grausamste und schimpflichste Hinrichtungsart und wurde deshalb vor allem gegen Sklaven und Fremde verhängt, sofern sie schwere Verbrechen begangen hatten: so etwa bewaffneten Straßenraub, Überfälle, Aufruhr und dergleichen. Als »Räuber« (latrones, lēstai) konnten auch Seeräuber, aufständische Sklaven oder Guerillakämpfer in den Provinzen bezeichnet werden; man wollte die Bewohner der besetzten Gebiete mit dem schrecklichen Schauspiel der Kreuzigung einschüchtern und so die Ruhe aufrechterhalten. Gerade von Judäa berichtet Flavius Josephus für die neutestamentliche Zeit massenhafte Kreuzigungen, vor allem unter den Statthaltern Varus, Cumanus, Felix, und dann unter dem späteren Kaiser Titus: schon während der Belagerung Jerusalems und vollends nach dessen Fall[91].

b) Den römischen Bürgern ersparte man solch eine Todesstrafe – mit einer Ausnahme freilich: Wegen Hochverrats konnte auch ein Römer gekreuzigt werden.[92] Genau dies war das Vergehen, das gelegentlich auch von jüdischen Gerichten mit der Kreuzigung geahndet wurde. Nach Joh 19,7 erklärten die Juden vor Pilatus: »Wir haben ein Gesetz, und nach dem Gesetz muß er (nämlich Jesus) sterben«. Welches Gesetz und welche Todesstrafe sind hier gemeint? Gefordert wurde vom Volk die Kreuzigung (Joh 19,15), und der Anspruch der Gottessohnschaft = Messianität war das Vergehen, das diese schwere Strafe verdiente. Das hier angesprochene Gesetz, das für beides die Grundlage gewesen sein muß, kann m.E. nur 5Mo 21,22f gewesen sein, und zwar in der Form, wie es in der Tempelrolle von Qumran gedeutet wird. Nach ihr soll ein Mann, der das Volk Gottes an eine andere Nation verrät oder es nach einem todeswürdigen Verbrechen von einem fremden Land aus verflucht, unter Beteiligung »von zwei und (sic) drei Zeugen ans Holz gehängt werden, so daß er stirbt«. Seine Leiche soll noch am gleichen Tag beerdigt werden, »denn verflucht von Gott und Menschen sind solche, die ans Holz gehängt sind« (11 Q Miqd 64,7–13 nach 5Mo 21,22f). Der hasmonäische König Alexander Jannai hatte 800 seiner pharisäischen Gegner gekreuzigt, weil sie den syrischen Herrscher Demetrius gegen ihren eigenen tyrannischen Landesherrn zu Hilfe gerufen hatten (Josephus Ant 13,376–381; Bellum 1,92–97); davon spricht auch ein Kommentar zum Propheten Nahum aus der Höhle 4 von Qumran. Die Kreuzigung war demnach den Juden bekannt und »gesetzlich« begründet; freilich haben sich später die Pharisäer von dieser Deutung der Stelle 5Mo 21,22 distanziert.

Jesus wurde wegen seines Anspruchs, der Messias und Sohn Gottes zu sein, von jüdischen Richtern verhört und als schuldig befunden (Mk 14,53–64). Die Form ihres Spruchs: »Er ist des Todes schuldig« (Mk 14,64) ist m.E. an 5Mo 21,22: »Sünde des Todes würdig (che͗t mishpat māwät)«, orientiert, wo das »Aufhängen ans Holz« als Strafe genannt wird. Der römische Richter hat diesen Befund durch offizielle Verurteilung bestätigt und die Hinrichtung durchgeführt (Mk 15,1–25). Die Schuld Jesu stand auf einer Tafel über dem Kreuz: Er ist »der König der Juden« (Mk 15,26). Da der Kaiser als Oberherr Judäas zu gelten hatte (vgl. Joh 19,15), konnte ein »König der Juden« als Rebell = »Räuber« verurteilt und gekreuzigt werden. Für die sadduzäische Obrigkeit galt ein falscher Messias als potentieller Hochverräter. Nach Joh 11,48 stellte der amtierende Hohepriester Kaiphas fest: Läßt man diesen Jesus gewähren, so führt er das Volk zum Aufruhr; dann werden die Römer kommen und beides »wegnehmen, den Ort und das Volk«. Das »messianische« Wirken Jesu müsse zwangsläufig zur Katastrophe führen, zur Preisgabe von Gottes Volk und Gottes Stadt. Es bedeutet somit Hochverrat, wie er in der Tempelrolle rechtlich definiert und mit dem »Aufhängen ans Holz«, der Kreuzigung, bedroht ist. Deshalb war Kaiphas der Ansicht, es sei besser, ein Mann sterbe für das Volk, als daß das ganze Volk zugrundegehe (Joh 11,50). Für den Evangelisten bedeutet dieses Urteil eine prophetische Wahrheit, die der Hohepriester kraft seines Amtes aussprach, aber gar nicht als solche verstand. Denn Jesus starb in der Tat zum Heil für das Volk, das er nicht etwa den Heiden ausliefern, sondern zu Gott zurückbringen wollte; die Sammlung der zerstreuten, den Völkern schon preisgegebenen Gotteskinder war sein messianisches Ziel (Joh 11,52).

Im Lichte der Texte vom Toten Meer erkennt man, daß gerade auch das vierte Evangelium, das gern als geistliches und theologisch interessiertes Christuszeugnis betrachtet wird, zum historischen und juristischen Verstehen des Prozesses beiträgt. Die theologische Wahrheit ist mit der historischen eng verbunden; im Wort des Kaiphas liegen beide ineinander.

c) Historisch zutreffend ist, daß die Juden »niemanden töten durften« (Joh 18,31). Unter der römischen Verwaltung hatte auch das Synhedrium nicht das Recht, ein Todesurteil zu vollstrecken; das *ius capitis* war dem römischen Präfekten vorbehalten. Aber die Synhedristen konnten damit rechnen, daß Jesus – falls man ihn den Römern ausliefern würde – als falscher Messias und »König der Juden« zum Tod am Kreuz verurteilt und hingerichtet werde; diese Strafe war ja auch im »Gesetz der Juden« für solch ein Vorgehen, dem Verrat am Volk Gottes, vorgesehen (Joh 19,7; 11 Q Miqd 64,7–9). Jesus erhob den »falschen«, verleumderischen (so die Juden) bzw. aufruhrstiftenden, verbrecherischen (so die Römer) Anspruch, der »Messias Israels« bzw. der »König der Juden« zu sein. Nur um diesen Anspruch ging es in diesem Prozeß. Jesus selbst bestimmte den Gang des Geschehens; er »legte vor Pilatus das gute Bekenntnis ab« (1Tim 6,13) und blieb standhaft, auch als alles gegen ihn zu sprechen schien. Es ist vielmehr unsere Schuld, die auf Golgatha besonders deutlich enthüllt wird: unsere Flucht vor der Wahrheit Gottes, die im Dienst und im Opfer für andere besteht.

d) Weit verbreitet ist die Meinung, im Prozeß Jesu führe die glaubende Gemeinde das Wort: sie habe ihr eigenes Bekenntnis zu Christus als Bekenntnis Jesu vor seinen Richtern formuliert und so ihr Credo in der Geschichte verankert. Man weist vor allem darauf hin, daß es in der angeblich ältesten Überlieferungsschicht, der sogenannten »Redenquelle«, keinen messianischen Jesus und keinen Titel »Messias« gebe. Dabei wird übersehen, daß Jesus sich überhaupt nicht explizit als Messias verkündigen konnte, und daß er dies implizit auch nach der Redenquelle tat, z.B. in der Antwort auf die Anfrage des Täufers (Mt 11,2–6) oder in der Verheißung seiner Inthronisation (Mt 19,28; Lk 22,30), dem letzten Wort dieser »Quelle«. Nach der Schrift ist es ja Gott, der den Messias erwählt, mit dem Geist begabt und ihn als König einsetzt; deshalb darf man nicht erwarten, daß dieser sich selbst verkündigt. Ferner mußte Jesus sein messianisches Sendungsbewußtsein geheimhalten, weil es von Herodes und der römischen Besatzungsmacht als Signal zum Aufruhr verstanden worden wäre; damit hätte er nicht nur sich selbst, sondern auch seine Jünger von Anfang an in große Gefahr gebracht.

e) Die Hypothese von einem unmessianischen Jesus wirft einen dunklen Schatten auf Jesu Prozeß. Denn dieser müßte dann grundlos verdächtigt, widerrechtlich verhaftet und gekreuzigt worden sein. Er wäre dann tatsächlich das Opfer eines Justizmordes geworden. Doch ist diese das Verhältnis von Juden und Christen belastende Annahme einfach nicht richtig. Denn von den vier Evangelisten hat keiner behauptet, Jesus sei vor Pilatus falsch beschuldigt worden, indem man ein religiöses Vergehen wie Sabbatbruch politisch als Messiasanspruch formuliert habe. Das Gegenteil ist der Fall: Nach dem einmütigen Zeugnis der Evangelien bestätigte die Kreuzesinschrift (»König der Juden«) das Bekenntnis, das Jesus vor dem jüdischen Untersuchungsausschuß und vor dem Richter Pilatus abgelegt hatte: »Ja, ich bin's!«

f) Ebenso schwer wiegt ein zweites, durch diese Hypothese künstlich geschaffenes Problem. Wäre das Bekenntnis »Jesus ist der Christus« wirklich erst an Ostern entstanden, so müßte man sich fragen: »Wie konnte denn einer Begegnung mit dem Auferstandenen der Glaube entspringen, Jesus sei der Messias?« Lazarus und der Jüngling von Nain wurden ja vom Tod auferweckt, aber deshalb nicht als Messias bekannt. Das österliche Christusbekenntnis ist kein analytisches, in der Auferstehung als solcher enthaltenes Urteil; die Totenauferweckung schließt nicht notwendig die Erhöhung zum Messias mit ein. Warum konnten dann die Jünger Jesu diese beiden Heilstatsachen miteinander verknüpfen und verkünden, Gott habe den Auferstandenen zum Herrn und Christus gemacht? (Apg 2,36). In einer Tübinger Gastvorlesung hat der norwegische Neutestamentler Niels Alstrup Dahl zu Recht diese Frage an die kritischen Exegeten gestellt. Nur gab er darauf eine unzutreffende Antwort. Denn er meinte, die Jünger hätten die fälschlich erhobene Anklage des Prozesses zum Bekenntnis gemacht und gesagt: Jesus war in der Tat der Messias, weil er als solcher zum Tod verurteilt wurde und am Kreuz gestorben ist. Aber man kann nicht in den Anklägern und Richtern Jesu die Urheber der Christologie sehen und den historischen Jesus übergehen, weil er angeblich unmessianisch gedacht und gehandelt haben soll.

Daß in Wahrheit das Bekenntnis Jesu durch das Christuszeugnis der Gemeinde aufgenommen und bestätigt wurde, zeigt der Bericht vom Verhör vor dem Hohen Rat.

4. Jesu Verhör: Das Wort vom Tempel und der Nathanspruch

Für das Urteil, die nächtliche Verhandlung vor dem Hohen Rat (Mk 14,53–65) sei eine unhistorische Schöpfung der christlichen Gemeinde, werden folgende Argumente ins Feld geführt: Zum einen sei kein Jünger zugegen gewesen, zum andern könne ein Kapitalprozeß nach jüdischem Recht niemals bei Nacht stattgefunden haben; völlig ausgeschlossen sei die Nacht des Passafestes. Dagegen ist Verschiedenes einzuwenden. Erstens sind Rechtslage und Verfahrensfragen der jüdischen Gerichte zur Zeit Jesu nicht mehr genau bekannt. Der Traktat Sanhedrin der Mischna, der die jüdische Prozeßordnung beschreibt, ist über hundert Jahre später abgefaßt worden. Er gibt außerdem den pharisäischen Standpunkt wieder, der sich von der sadduzäischen Auffassung an manchen Punkten unterschied und vor allem humaner war. Demgegenüber kennzeichnet den Prozeß Jesu eine von der Sorge um das Wohl des Volkes diktierte Dringlichkeit und Härte; es ging um Leben und Tod (Joh 11,47–52; Babylonischer Talmud Sanhedrin 43a). Außerdem hat die in Mk 14,53–65 beschriebene nächtliche Sitzung kaum als Vollversammlung des Synhedriums stattgefunden, zumal dieses nicht im Haus des Hohenpriesters zusammenzukommen pflegte. Vielmehr muß man dabei an einen Ausschuß denken, der in der Nacht ein klares Bild über die Schuld des Angeklagten zu gewinnen suchte und darum die Zeugen vernahm; solch ein Verfahren ist in Mischna Sanhedrin 5,5 erwähnt. Erst am folgenden Morgen trat das Plenum zusammen und beschloß, Jesus dem Pilatus auszuliefern (Mk 15,1).

Der Einwand, kein Jünger sei Zeuge des Verhörs gewesen, ist natürlich berechtigt. Aber Markus gibt ja auch kein vollständiges Protokoll. Er beschränkt sich auf zwei Punkte, die zur Debatte standen: Jesu Wort vom Tempel und seinen Anspruch, der Messias zu sein. Wie der Bericht von der Kreuzigung zeigt, wurden diese beiden Tatsachen sofort öffentlich bekannt und konnten deshalb auch den Jüngern zu Ohren gekommen sein (Mk 15,29–32).

Betrachten wir nun den Gang des Verhörs. Viele Zeugen treten auf, aber ihr Zeugnis ist nicht gleich (V. 56) und läßt keine Verurteilung zu. Einige behaupten: »Wir haben gehört, wie er sagte: Ich werde diesen mit Händen gemachten Tempel abreißen und nach drei Tagen einen anderen, nicht mit Händen gemachten Tempel erbauen« (V. 57f). Auch ihr Zeugnis stimmt nicht überein (V. 59). Nun fordert der Hohepriester, der das Verhör leitet, Jesus auf, er solle sich zu den Anschuldigungen äußern (V. 60). Und als dieser schweigt, stellt er die Frage: »Bist du der Christus, der Sohn des Hochgelobten?« (V. 61–62). Jesus antwortet: »Ich bin es, und ihr werdet den Menschensohn sehen sitzend zur Rechten der Kraft und kommen mit den Wolken des Himmels« (V. 62). Dieses Bekenntnis wertet der Hohepriester als Gotteslästerung und erwirkt daraufhin das Todesurteil (V. 63–64; vgl. 3Mo 24,16).

a) Man versteht die logische Verbindung dieser Vorgänge nicht. Albert Schweitzer fragte: »Woher weiß der Hohepriester, daß Jesus der Messias zu sein behauptet? . . . Warum versucht man zuerst, Zeugen für ein Tempelwort, das als Gotteslästerung gedeutet werden konnte, aufzubringen, um ihn auf dieses hin zu verurteilen?«[93] Und man möchte weiter fragen: Wie kann Jesu Anspruch, der Messias zu sein, als Gotteslästerung verurteilt werden?

Die Antwort auf diese Frage findet man, wenn man die Messiaserwartung des Frühen Judentums untersucht; mich hat ein fragmentarisch erhaltener Text der Qumrangemeinde auf sie geführt.[94] Dort wird der durch Nathan verkündigte Gottesspruch 2Sam 7 auf den Messias und die Frommen der Endzeit bezogen. In diesem Spruch wird David, der den Bau eines Tempels erwägt, vom Propheten belehrt, Gott bedürfe solch eines Hauses nicht. Vielmehr werde er selbst seinem Volk einen sicheren Wohnort schaffen (V. 10) und dem König ein Haus erbauen (V. 11). Gemeint ist das Haus der davidischen Dynastie. Einen leiblichen Sohn des Königs will Gott »aufstehen lassen«, seinen Königsthron für immer befestigen (V. 12). Ja, er will ihm ein Vater und dieser soll ihm ein Sohn sein (V. 14), der zwar gezüchtigt werden kann wie ein Sohn, aber nicht wie Saul die Gnade Gottes für immer verlieren wird (V. 15). Dieser Davidide soll dem Namen Gottes ein Haus, d.h. den Tempel, erbauen (V. 13). Der von Nathan verkündigte Gottesspruch war in höchstem Maße traditionsschöpferisch. Er bezog sich ursprünglich auf den König Salomo, wurde aber später immer wieder neu interpretiert und aktualisiert[95], ja in ihm liegen der Ursprung und die Legitimation der messianischen Hoffnung Israels[96]. So ist es kein Wunder, wenn dieser Spruch ein Eckstein im Gebäude der eschatologischen Erwartung von Qumran wurde und auch von den ersten Christen benutzt worden ist.

Dieser Spruch zeigt, wie Markus seinen Bericht verstanden wissen will. Er offenbart einmal das ganze Schwergewicht der Frage des Hohenpriesters: Jeder, der für sich die Messiaswürde beansprucht, hat zu bedenken, daß er dann nach der Schrift auch der »Sohn des Hochgelobten«, Gottes Sohn, sein muß. Nicht nur die eigene, sondern auch Gottes Ehre steht auf dem Spiel. Ein machtloser Mensch, der behauptet, der Messias zu sein, lästert den allmächtigen Gott, und Gotteslästerung stellt neben Götzendienst für die Juden das schwerste Verbrechen dar (Mischna Sanhedrin 7,5). Trotzdem sagt der gebundene Jesus: »Ich bin es«. Aber er fügt hinzu: »Ihr werdet den Menschensohn sitzen sehen zur Rechten der Kraft und kommen mit den Wolken des Himmels« (Mk 14,62). In diesem Bekenntnis vermeidet Jesus – wie der Hohepriester – ehrfürchtig den Namen Gottes und ersetzt ihn durch das umschreibende Wort »Kraft«; es liegt ihm also ganz fern, den allmächtigen Gott gering zu achten oder gar zu lästern. Im Gegenteil: Gott ist Kraft; die Inthronisation Jesu, sein »Sitzen zur Rechten des Herrn« (Ps 110,1), wird nicht nur die Herrschaft des Messias, sondern auch die Wirklichkeit und Macht des unsichtbaren Gottes der ganzen Welt kundtun. Solche Offenbarung der Wahrheit Gottes ist die Hauptaufgabe des Messias und das Ziel der Geschichte. Die augenblickliche Ohnmacht Jesu ist kein Gegenbeweis. Er wollte das Volk ja nicht primär von der Herrschaft politischer Mächte, sondern von seinen Sünden erlösen (vgl. Mt 1,21). Und dies konnte nur so geschehen, daß er als »Knecht«, als »Lamm Gottes«, stellvertretend für die Sünder starb. Deshalb steht seine »Aufstellung«, die Einsetzung in die königliche Herrschaft, noch aus. Aber sie läßt nicht lange auf sich warten: Alle, auch die hier anwesenden Richter, werden dann den Weltenrichter und König der Endzeit an Gottes Seite thronen sehen.

b) Auch auf die Frage, warum das Tempelwort in diesem messianischen Prozeß vorgebracht wird, läßt der Nathanspruch eine Antwort zu. Denn nach 2Sam 7,13 soll der von Gott in die Königsherrschaft eingesetzte Davidssproß den Tempel erbauen, und Sacharja hat diese Forderung für den Davididen Serubbabel wiederholt (6,12–13). Wird der Nathanspruch endzeitlich interpretiert, so ist die Errichtung des Gotteshauses messianische Pflicht. Umgekehrt erhebt jeder, der sich als Erbauer des Tempels ausgibt, indirekt den Anspruch, der Messias und Sohn Gottes zu sein. Jetzt wird klar, warum der Hohepriester, als das Zeugenverhör beim Tempelwort stockt und der Angeklagte sich nicht dazu äußert, unvermittelt die Messiasfrage stellt: Schon die Frage nach dem Tempelwort (2Sam 7,13) bedeutete ja eine Frage nach dem messianischen Anspruch Jesu (7,12.14).

c) Die jüdische Obrigkeit gehört in Jesu Prozeß. Sie hat ihn dem Pilatus angezeigt, wie Josephus sagt (Altertümer 18,64); sie haben ihn in die Hände der Heiden ausgeliefert, wie es in der Leidensweissagung Mk 10,33 heißt. Aber sind sie schuldig zu sprechen? Der Hohepriester, der bei Markus als Leiter des Verhörs erscheint, handelt korrekt. Er baut nicht auf die widerspruchsvollen Aussagen der Zeugen, sondern holt Jesu Bekenntnis ein. Und es sieht fast so aus, als wolle er Jesus beschwören, seinen unhaltbaren »gotteslästerlichen« Anspruch aufzugeben. Die Schuld der jüdischen Obrigkeit besteht allenfalls darin, daß sie den Anspruch Jesu am Maßstab ihres eigenen Messiasglaubens gemessen hat und zum Schluß kam: Dieser war nicht der Christus, denn auch in Jerusalem hat sich Gott nicht zu ihm bekannt. Aber genau so haben auch die Jünger Jesu gedacht, als sie den Meister verließen und flohen. Die sadduzäische Priesterschaft in Jerusalem hätte sich zwar sagen müssen, daß Jesus kein Revolutionär im Sinn des römischen Rechtes war; er war kein »Räuber«, kein Guerillakämpfer wie Barabbas. Aber auch diese Einsicht hätte sie wahrscheinlich nicht am Vorgehen gegen Jesus, an dessen Verhaftung und Verhör, gehindert. Denn der Messiasanspruch war als solcher staatsgefährlich. Er konnte, wie immer er von seinem Träger verstanden wurde, beim Volk ein Echo hervorrufen, das sich in Aufruhr und Empörung fortpflanzen mochte. Juristisch gesehen gibt es m.E. keine Möglichkeit, von einer Schuld der jüdischen Behörde zu sprechen; Jesus wurde nicht fälschlich bei Pilatus verklagt.

Auch Pilatus hatte als Präfekt und Vertreter des römischen Kaisers schließlich keine andere Wahl als die, den »König der Juden« zum Tod am Kreuz zu verurteilen. Zwar hatte kein Aufruhr, kein bewaffneter Überfall auf römische Soldaten, keine bedrohliche Zusammenrottung des Volkes stattgefunden. Auch die Tempelreinigung durch Jesus wurde offensichtlich von den Römern nicht beachtet und als interner Streitfall der Juden beurteilt. Deshalb hatte der römische Präfekt auch Bedenken, der Anklage der Juden zu glauben (Mk 15,3–5). Aber da Jesus sich auch vor ihm als Messias bekannte (15,4f), konnte nur noch das »privilegium paschale« – das Recht der Juden, für das Passafest einen Gefangenen loszubitten – ihn retten. Pilatus stellte den Juden Jesus und den Freischärler Barabbas zur Wahl (15,6–15). Damit hatte er allerdings das Geschehen aus der Hand gegeben. Als die Menge sich für Barabbas entschied, war Jesus – juristisch gesehen – verloren; Pilatus mußte dem Volk »Genüge tun«, Barabbas freilassen und Jesus zur Kreuzigung übergeben (15,15). Denn schon die Gleichstellung Jesu mit Barabbas bedeutete praktisch seine Verurteilung als »Räuber« = Rebell.

5. Jesu Verspottung und Fürbitte auf Golgatha: Der anderen helfende Christus, Gottessohn und Gottesknecht

Tempelbau und Messiasanspruch bilden auch die Themen der Verspottung des Gekreuzigten auf Golgatha. Diese wird in Mk 15,29 und Mt 27,39 auch als »Lästerung« bezeichnet; das ist ein auffallender Begriff. Man muß ihn mit der merkwürdigen und damals viel meditierten Wendung »qilelath elōhīm (taluj) = »Ein Fluch Gottes ist der ans Holz Gehängte« (5Mo 21,23) verbinden. Auf Golgatha schien sich zu bewahrheiten, was die Tempelrolle von Qumran in der Auslegung dieser Wendung über die ans Holz Gehängten sagt: »Sie sind von Gott und den Menschen verflucht« (64,12). Sie empfangen so den gerechten Lohn; denn sie haben ja das Volk Gottes verraten und damit Gott und die Menschen in Israel »verflucht«, entehrt.

a) Als Angriff auf die Ehre des Messias und somit als Lästerung verstand Markus die Verspottung des Gekreuzigten: Die Menschen, die auf Golgatha vorübergingen, lästerten[97]: »Der du den Tempel zerstörst und ihn in drei Tagen wieder aufbaust, rette dich und steige herab vom Kreuz!« (15,29); . . . »der Christus, der König Israels, möge jetzt herabsteigen vom Kreuz, damit wir es sehen und ihm glauben!« (V. 32). Als »Lästerung« wird somit wiederholt, was nach Mk 14,58.61f als Anklage erhoben worden war[98]: Jesus habe durch seinen Anspruch, messianischer Tempelbauer und Sohn Gottes zu sein, Gott gelästert und entehrt. Gerade die Hilflosigkeit des Gekreuzigten und die Schmach seines Sterbens machten die Schwere seines Vergehens und die Rechtmäßigkeit des Urteils in der Sicht der Lästerer evident.

b) Aber Jesus hielt auch am Kreuz an seinem messianischen Sendungsbewußtsein fest. So bewahrheitete er den titulus, die sicher historische Schuldschrift auf seinem Kreuz: Der Mann aus Nazareth war in der Tat »der König der Juden« (Mk

15,26), d.h. der Messias Israels. Nach Mk 15,39 erkannte der Hauptmann und Führer des römischen Exekutionskommandos als Zeuge des Sterbens Jesu dessen Unschuld und Würde: »Wahrlich, dieser war Gottes Sohn!«

c) Der Gottessohn starb auch als Gottesknecht. Das geht besonders aus der Darstellung des Golgathageschehens im Evangelium des Lukas hervor; in ihr erscheint der Gekreuzigte als Fürbitter für die Sünder. Nach der Mischna sollte ein zum Tod Verurteilter unmittelbar vor der Hinrichtung seine Tat öffentlich bereuen und Gott um Vergebung bitten: »Man pflegte ihm zu sagen: Leg dein Bekenntnis ab! . . . Denn jeder, der ein Bekenntnis ablegt, erhält Anteil an der kommenden Welt . . . Und wenn er nicht weiß, wie er das Bekenntnis sprechen soll, sagt man zu ihm: Sprich: Möge mein Tod eine Sühne für alle meine Vergehen sein!« (Sanhedrin 6,2). Es war somit ungemein wichtig, daß ein zum Tod Verurteilter ein Sündenbekenntnis sprach. Zwar konnte er dadurch nicht etwa der Hinrichtung entgehen, wohl aber das Leben in der kommenden Welt, das ewige Heil, gewinnen. Jesus tat auf Golgatha das Gegenteil und erfüllte so die Weissagung vom Gottesknecht, der selbst nichts Unrechtes getan hat (Lk 23,41; vgl. Jes 53,9), der als der Gerechte stellvertretend für die Sünder leidet und für sie als Fürbitter eintreten kann (Jes 53,12). Nach Lk 23,34 bat er seinen himmlischen Vater um Vergebung der Sünden, jedoch nicht etwa für sich selbst, sondern für seine Henker: »Vater, vergib ihnen, denn sie wissen nicht, was sie tun!«. Diese Bitte wurde vorbildlich für die christlichen Märtyrer. Schon der erste von ihnen, Stephanus, beugte vor seiner Steinigung die Knie und rief mit lauter Stimme: »Herr, behalte ihnen diese Sünde nicht!« (Apg 7,60).

Nach Lk 23,40–42 bekannte einer der Übeltäter, die mit Jesus gekreuzigt waren, daß er zu Recht bestraft werde und empfange, was er verdient habe; hingegen habe Jesus nichts Unrechtes getan. Dann bat er den Messias, er möge seiner gedenken, wenn er in seiner Königsherrschaft sei. Und dieser antwortete ihm: »Wahrlich, heute wirst du mit mir im Paradiese sein!« Schon am Kreuz – und nicht etwa erst nach seiner

107

Rechtfertigung und Erhöhung (Jes 53,11–12) – handelte Jesus als der fürbittende Gottesknecht und trat für die Sünder ein. Ja, er nahm die Entscheidung Gottes in eigener Vollmacht vorweg und gab dem reuigen Sünder »Anteil an der kommenden Welt«. Er konnte das tun, weil er als der Knecht Gottes sein Leben für die Vielen in den Tod gab (ibid.).

d) Weil Jesus als Messias-Menschensohn auch der stellvertretend sterbende Knecht und Sohn Gottes sein wollte, darum reicht die Wirkung seines Todes – trotz der Kreuzesinschrift »König der Juden« – weit über Israel hinaus. Sein Dienst galt zwar »der Beschneidung« (Röm 15,8; vgl. Mt 15,24), aber sein Tod war ein Lösegeld für »die Vielen« (Mk 10,45). Dieser Begriff, der in Jes 53 die Gerechten Israels meint und auch in Qumran so verstanden wurde, hatte für Jesus inkludierende, alle Menschen einschließende, Bedeutung. Das zeigt die berühmte Stelle Joh 3,16, in der Mk 10,45 und Jes 43,3f gedeutet werden: Aus Liebe zur Welt gab Gott seinen Sohn in den Tod (W. Grimm). Deshalb stellt der vierte Evangelist die Jesus begegnenden Juden als Repräsentanten der gottfeindlichen Menschheit dar und Jesus als Verkörperung des göttlichen Wortes, das einen jeden erleuchtet (1,9). Die Völker aller Zeiten gehören zur gefallenen und doch von Gott geliebten Welt (3,16). Und Paulus schließt sich mit allen Menschen zusammen, wenn er bekennt: Jesus wurde um unserer Übertretung willen dahingegeben und um unserer Gerechtigkeit willen auferweckt (Röm 4,25; vgl. Jes 53,4.11.12).

F. Die Antwort auf Jesu messianisches Bekennt- nis: Das Christuszeugnis der Gemeinde

1. Das Evangelium und der Nathanspruch

Die Hoffnung der Jünger, Jesus werde in Jerusalem von Gott zum König der Endzeit eingesetzt, erlosch spätestens mit dem Geschehen von Golgatha, ja schon bei der Gefangennahme Jesu im Garten Gethsemane: Die Jünger flohen. Aber nach- dem der Auferstandene ihnen erschienen war, bekannten sie, Gott habe den Gekreuzigten zum Herrn und Christus ge- macht (Apg 2,36). Das war die Botschaft, die ein Paulus durch das römische Weltreich trug: Jesus ist der Messias, Gottes Zu- kunft hat begonnen, der neue Äon ist da.

Der Glaube, der am Karfreitag verschüttet worden war, trat an Ostern in geläuterter Form wieder hervor. Durch die Auferstehung (anastasis, besser als »Aufstellung« zu überset- zen) hatte Gott den Messiasanspruch Jesu bestätigt, und die Jünger entfalteten diese Tatsache im Lichte der Schrift. Dabei wurde wieder der Nathanspruch zum grundlegenden Text. Die Christen bekannten, Gott habe sein David gegebenes Ver- sprechen, einen seiner Nachkommen als ewig regierenden König auf den Thron zu setzen, durch Jesus, den endzeitlichen Davididen, eingelöst. Gerade die Weissagung Nathans gestat- tete es, die Auferstehung Jesu als »Aufstellung« zu verstehen, d.h. als die in 2Sam 7,12 gemeinte Inthronisation des Königs. Auf solche Weise konnte man den christologischen Sinn von Ostern deutlich zeigen und in der Schrift begründen. Mit Hil- fe von 2Sam 7,12–14 ließ sich dann auch das Bekenntnis zum auferstandenen Christus und Gottessohn formulieren und ausgestalten; dabei wurden weitere Schriftworte mit dem Nathanspruch verknüpft und als »Stützen«, Bedeutungsträ- ger, eingefügt.

Damit wurde auch das Problem der innerbiblischen Konti- nuität auf natürliche Weise gelöst. Hatte Nathans Spruch die alttestamentliche Messiaserwartung geweckt und dann das

Messiasbewußtsein Jesu bestimmt, so wurde er jetzt zum Text, der das Ostergeschehen deuten und in ein Evangelium verwandeln half. Irdischer, historischer Jesus und himmlischer, gepredigter Christus sind fest miteinander verknüpft. Auch das Protevangelium der Propheten Gottes und die Botschaft der Apostel Christi haben den gleichen Inhalt: sie gehören zusammen wie Weissagung und Erfüllung. Die Richtigkeit dieser These wird bereits aus den ersten Versen des Römerbriefs erhellt. Paulus stellt sich dort als Boten des Evangeliums vor, das Gott durch seine Propheten in den Heiligen Schriften vorausverkündigt hat (1,2). Inhalt dieses Evangeliums ist Jesus, der nach dem Fleisch aus dem Samen Davids stammt und nach dem Geist der Heiligkeit zum Sohn Gottes eingesetzt worden ist, und zwar kraft seiner Auferstehung von den Toten (1,3–4). Er ist der Christus und Herr der Kirche; von ihm hat Paulus sein Apostelamt empfangen, das ihn zum Boten unter den Heiden macht und ihn verkündigen läßt, daß der gehorsame Glaube an diese Botschaft das Heil gewinnt (1,5). Diese Sätze, in denen Paulus das ganze Evangelium und den eigenen Auftrag summarisch beschreibt, müssen wir uns genauer ansehen und dürfen dabei die Mühe, Exegese treiben zu müssen, nicht scheuen. Drei Punkte sind von besonderer Bedeutung:

a) Das Evangelium ist Christusbotschaft, denn Gottes Gnade kommt in Jesus Christus zum Ziel. Es reicht jedoch weit in Israels Geschichte zurück: Was Gott durch die von ihm erwählten Apostel in der Endzeit predigen läßt (V. 1), hat er lange vorher durch seine Propheten verkündigt (V. 2). Die Apostel setzen somit das Werk der Propheten fort, stehen auf dem Grund alttestamentlicher Prophetie. Sicher hat Paulus diese Einheit von altem Gotteswort und Evangelium in umfassendem Sinne gedacht; aber es gibt ein Wort, in dem das Christuszeugnis des Alten Testaments besonders deutlich zum Ausdruck kommt.

b) Das Prophetenwort 2Sam 7,12–14 hat die beiden folgenden Verse Röm 1,3–4 geprägt. In ihnen erinnert der Apostel die Christen in Rom an das gemeinkirchliche Christusbekenntnis, das – wie auch aus 1Kor 15,3f hervorgeht – schon vor Paulus bestand und schon bald nach Ostern gebildet worden sein muß. Den Bekenntnischarakter verrät die feierliche Sprache und die aus zwei parallelen Sätzen bestehende Form; auf palästinische Herkunft weisen die dort erwähnte Davidssohnschaft, auf die Paulus sonst nicht zu sprechen kommt, und der semitisierende Ausdruck »Geist der Heiligkeit«. In den beiden Bekenntnissätzen wird das von Gott bewirkte »Werden« des Gottessohnes gerühmt: Jesus »wurde« aus dem Samen Davids nach dem Fleisch; er stammte, menschlich betrachtet, vom Geschlecht Davids, war dessen Sohn. Aufgrund der Auferstehung der Toten, die als ein zweites Geburtsdatum angesehen werden muß, »wurde er als Sohn Gottes in Macht eingesetzt«. Dieses zweite »Werden« ist geistlicher Art; denn der »Geist der Heiligkeit« war die »setzende« Kraft und Norm. Die zweite Würde ist die wichtigere; aber man sollte dennoch nicht von einer »Zwei-Stufen-Christologie« sprechen und erst recht nicht von einer adoptianischen Gottessohnschaft. Denn der Apostel sah schon in dem irdischen Jesus den Messias: »Der Christus ist für uns gestorben« (1Kor 15,3); der Kreuzestod eines Zeloten hätte keine Heilsbedeutung gehabt. Auch nennt Paulus schon den Präexistenten »Gottes Sohn« (Röm 8,3; Gal 4,4) und nicht erst den Erhöhten. Schließlich ist die Menschwerdung, das »Fleisch« des Christus, heilsgeschichtlich wichtig; denn »im Fleisch«, im Leib des Gekreuzigten, hat Gott die Sünde von uns Menschen gerichtet (Röm 8,3).

Die beiden parallelen Bekenntnissätze sind bewußt nach dem Nathanspruch geformt, der wie in Qumran messianisch verstanden ist. Der in diesem Spruch vorausverkündigte Herrscher ist ja als Davidssohn und als Gottessohn charakterisiert. Er ist Davids Same, geht aus dem Leib des Königs hervor (2Sam 7,12); in Röm 1,3 wird die so stark betonte leibliche Abstammung durch die Formel »nach dem Fleisch« interpretiert. Aber er wird auch als Sohn Gottes eingesetzt, und zwar nach der Zusage, die in 2Sam 7,14 gegeben ist: »Ich will sein Vater sein, und er soll mein Sohn sein«. Würde und Wesen der Gottesherrschaft werden vom Verhalten des Vaters bestimmt: Gott wird den künftigen Regenten lenken und ihn erziehen, wie ein menschlicher Vater seinen Sohn erzieht (2Sam 7,15). Aber der Sohn handelt im Geiste des Vaters: Jesus hat sich schon während seines irdischen Wirkens als messianischer Gottessohn verstanden, der »nach dem Geist der Heiligkeit« den Willen des Vaters tat und in der Kraft dieses Geistes die unreinen Geister austrieb (Mt 12,28). Die Gottessohnschaft Jesu wird damit im Sinn der alttestamentlichen Königsideologie interpretiert. Denn mit der Salbung empfängt der König den Heiligen Geist, der ihn über die gewöhnlichen Menschen erhebt, ihn mit besonderer Kraft und Weisheit begabt (Jes 11,2; vgl. Mk 6,2) und so zum idealen Regenten macht. Allerdings beinhaltet das christliche Bekenntnis mehr, als die alttestamentliche Vorstellung zu leisten vermag.

c) Das wird deutlich, wenn man den Akt beurteilt, mit dem der Davidssohn die Würde der Gottessohnschaft erhält. Gott nur kann ihn vollziehen. Er »stellt« dabei den künftigen Herrscher »auf« (hēqîm, 2Sam 7,12), setzt ihn auf den Thron; bei der Thronbesteigung wird der König durch Gott adoptiert und zum Sohn erklärt (vgl. Ps 2,7).

Die Jünger haben Jesus, den Davidssohn, deshalb als »Sohn Gottes« bekannt, weil Gott ihn »aufstehen ließ«; das für den Akt der Auferstehung gebrauchte griechische Verb anistanai = »aufstellen« entspricht dem hebräischen hēqîm. Der Tag, an dem dieses göttliche »Aufstellen« geschah, war Ostern; und der Bekenntnissatz Röm 1,4 beweist, daß die »Auferstehung« Jesu in doppeltem Sinn zu verstehen ist: 1. Gott hat Jesus von den Toten »aufstehen lassen«, ihn ins Leben zurückgerufen; 2. er hat ihn »erhöht«, als König der Endzeit und Gottessohn »inthronisiert«. Diese doppelte Deutung der »Auferstehung« war möglich, weil man das Ostergeschehen im Licht des Nathanspruches sah, in dem das »Aufstehenlassen« sich auf die Thronerhebung bezieht, und dann, weil beide, Auferstehung der Toten und Einsetzung des Messias, endzeitliche Heilstaten Gottes sind. Das christologische Osterbekenntnis der Jünger schließt jedoch ein Messiasbewußtsein des historischen Jesus nicht aus.

Ostern war kein völliger Neuanfang. Jesus wurde an diesem Tag eingesetzt »in Macht« (Röm 1,4) und sitzt von da an »zur Rechten der Macht« (Mk 14,62). Mit Jesu Messiaswürde verhält es sich wie mit der Gottesherrschaft: Diese war zwar mit wunderbaren Siegen über die Dämonen schon zu den Menschen gekommen (Mt 12,28), aber noch nicht verwirklicht »in Macht« (Mk 9,1). Ähnlich wurde die Kraft des Geistes gemehrt. Jesus war in der Taufe mit dem Geist begabt und als Gottessohn berufen worden (Mk 1,9–11). Aber seit der Auferstehung von den Toten wurde »nach dem Geist der Heiligkeit« (Röm 1,4) auch sein Leib »vergeistigt«, in den geistlichen Leib der himmlischen Wesen verwandelt (1Kor 15,47–49). Nur in einer verwandelten, geistlichen Leiblichkeit konnte er zum Vater gehen und zur Rechten Gottes inthronisiert werden. Dieses Verhältnis von Geistbegabung und Inthronisation findet sich ähnlich schon bei David, dem Vater Jesu »nach dem Fleisch«. Lange vor seiner Einsetzung war er zum König gesalbt worden (1Sam 16,6–13), vertrieb in der Kraft des Geistes den bösen Geist seines Königs (V. 14–23) und erlöste durch die Erschlagung Goliaths Israel vom Joch der Philister (1Sam 17). Aber David war damals noch nicht inthronisiert, noch nicht König »in Macht«.

Dieses Christuszeugnis, das im Ostergeschehen begründet und nach dem Nathanspruch geformt worden ist, findet sich auch in anderen Schriften des Neuen Testaments; schon das beweist die tragende Rolle, die es bei den ersten Christen gehabt haben muß. Wie in Röm 1,3–4 wird in 2Tim 2,8 das von Paulus verkündigte Evangelium in einem bekenntnisartigen Satz zusammengefaßt: es spricht von Jesus Christus, der aus dem Geschlechte Davids stammt und von den Toten auferweckt worden ist.

Aufschlußreich ist es, wie dieses Bekenntnis in der Apostelgeschichte entfaltet wird. Petrus macht in seiner großen Rede an Pfingsten aus David einen Propheten, der die Auferstehung Jesu von den Toten und dessen Erhöhung zum himmlischen Herrscher geweissagt hat (2,25–36). Der König konnte deshalb prophetisch von der Auferstehung des Christus reden, weil ihm Gott eidlich versichert hatte, einer seiner leiblichen Nachkommen solle auf seinem Thron sitzen (Apg 2,30–31). Die Logik dieses Arguments wird nur dann verständlich, wenn man die eidliche Zusage Gottes auf den Nathanspruch bezieht und das darin erwähnte »Aufstehenlassen« in dem oben erwähnten doppelten Sinne erklärt: als ein Inthronisieren und ein Auferwecken von den Toten. David selbst, so behaupten die christlichen Exegeten, hat nach Psalm 16 und 110 vorhergesehen, wie sich Gottes Versprechen in doppelter Weise erfüllen wird, und die Richtigkeit der christlichen Exegese im voraus bestätigt.

Besser noch als David kann der Jünger Jesu bekennen, wie Gott das »Aufstehenlassen« des Messias auf zweifache Weise verwirklicht hat. Denn an beiden eschatologischen Akten nimmt er gleichsam teil, erfährt sie in seiner gläubigen Existenz. An Ostern hat er den lebendigen Christus gesehen und ist dabei zum Zeugen seiner Auferstehung von den Toten geworden. An Pfingsten hat er den Heiligen Geist empfangen, der ihm die Realität der Erhöhung, der Christusherrschaft im Himmel, zur Gewißheit gemacht hat.

Auch Paulus hat nach Lukas in seiner ersten großen Rede den Juden diesen Schriftbeweis vorgetragen (Apg 13). Dabei wird wieder das »Aufstellen« des Messias als große Heilstat Gottes verkündigt (V. 32–33) und durch den Hinweis auf Ps 16 als Auferweckung von den Toten gedeutet (V. 35), während Inthronisation und Erhebung in die Gottessohnschaft durch Ps 2,7 bekräftigt sind. In seiner Weihnachtsgeschichte hat Lukas dieses Bekenntnis von Jesus, dem Davidssohn und dem Gottessohn, thematisch durchgeführt.

2. Ostervision und Schriftzeugnis

Unsere Ausführungen über den Schriftbeweis muten recht theoretisch an. Man könnte meinen, der christliche Glaube sei am Schreibtisch des Exegeten entstanden und entbehre der historischen Wirklichkeit. Aber das ist nicht der Fall. Grundlegend bleibt das Ostererlebnis, die Begegnung mit dem auferstandenen Christus, wie sie dann als Bekenntnis formuliert und in der Predigt entfaltet wird. Diese Begegnung, die Oster-vision, geht aller schriftgelehrten Reflexion vorauf; sie ist ein Urdatum, vor allem, wenn man an die Bekehrung des Paulus denkt.

Nur Paulus hat uns ein Selbstzeugnis davon gegeben, wie ihm der auferstandene Christus erschienen ist. Er hat diese seine Begegnung mit dem erhöhten Herrn an die Ostervisio-nen der Jünger angereiht, sie auf die gleiche Stufe mit ihnen gestellt (1Kor 15,5–8). Freilich gibt uns der Apostel keinen ausführlichen Bericht; nur in einzelnen verstreuten Sätzen seiner Briefe spielt er auf die Bekehrung, auf sein Ostererleb-nis an. In 1Kor 15,8 erwähnt er, daß Christus ihm als letztem »erschienen« sei, und betont in 1Kor 9,1, er habe »den Herrn gesehen«. Die visio, die Schau des Auferstandenen, schloß die commissio, die Beauftragung zum Apostel, mit ein: Weil er den Herrn gesehen hat, beansprucht Paulus für sich das Apo-stolat (1Kor 9,1). Er schreibt in der schon oben behandelten Stelle Röm 1,5, er habe sein Apostelamt von Christus emp-fangen. Ja, auch den Auftrag, zu den Heiden zu gehen, soll er damals erhalten haben: »Gott hat es gefallen . . ., seinen Sohn in mir zu offenbaren, damit ich ihn unter den Heiden verkün-dige« (Gal 1,16). Schließlich wurde die frohe Botschaft des Evangeliums bei dieser ersten Begegnung gegeben; Paulus hatte sie nicht von Menschen, sondern durch eine Offenba-rung Jesu Christi empfangen (Gal 1,12).

Wie konnte Paulus die volle Tragweite seiner Christusbe-gegnung sehen? Die hier erwähnten kurzen Notizen lassen er-kennen, daß der Apostel sein Erlebnis vom Alten Testament her verstand. Richtungweisend waren für ihn die Visionen, mit denen Gott die großen Propheten in seinen Dienst geru-fen hat. Auf Jeremias Berufungsvision wird in Gal 1,15 ange-spielt (vgl. Jer 1,5). Noch bedeutsamer muß der Bericht von Je-sajas Berufung gewesen sein, vor allem wenn man ihn in sei-ner griechischen und aramäischen Übersetzung liest. Wie Je-saja den Herrn auf einem hohen und erhabenen Thron sitzen sah (Jes 6,1), wie er von Gott als dessen Bote gesandt wurde (V. 8) und dabei auch die auszurichtende Botschaft empfing (V. 9–13), so hatte Paulus den erhöhten, im Himmel thronenden Herrn gesehen, war von ihm als Bote, als Apostel, berufen worden und hatte dabei auch sein Evangelium erhalten. Mit dem »Herrn« war nun nicht mehr Gott, sondern Christus gemeint; der vierte Evangelist konnte sagen, schon Jesaja habe Christus, den Offenbarer Gottes und Träger seiner Herrlichkeit, gesehen (12,41; vgl. Targum zu Jes 6,1). Dieser thront im Himmel als Herrscher der Endzeit, und gerade das ist die frohe Botschaft, die allen gebracht werden muß. Paulus verkündigte, was er geschaut hat.

Auf die Frage, wie es denn zum neutestamentlichen Apostelamt gekommen sei, ist hier die erste Antwort gegeben: Die Apostel sind Christi Boten, die bei der Schau des Auferstandenen berufen worden sind.

3. Die christologischen Hoheitstitel

In jüngster Zeit sind mehrere Werke in deutscher Sprache erschienen, in denen die Christologie des Neuen Testaments dargestellt wird. Auffallend sind Kraft und Reichtum der urchristlichen Bekenntnisbildung, die vor allem in einer Reihe christologischer Hoheitstitel zum Ausdruck kommt. Aber problematisch bleibt die Entstehung und Zusammengehörigkeit dieser Titel, was schon die bunte, stark voneinander abweichende Reihenfolge verrät, in der sie in den verschiedenen Werken aufgeführt sind. Wie konnten die ersten Christen alle diese Titel auf ihren Herrn übertragen, ihn Christus, Davidssohn, Gottessohn, Kyrios, Retter und Menschensohn nennen, und was ist das Band, das alle diese Hoheitstitel miteinander verknüpft?

Im Alten Testament kommen die meisten dieser Titel so nicht vor, und selbst der König der Endzeit wird noch nicht Messias genannt. Aber im Frühen Judentum und bei den ersten Christen wird die Neigung, Titel zu bilden, recht stark. Dabei knüpft man an biblische Aussagen an, die das Handeln oder die Eigenschaften eines göttlichen Boten oder Heilbringers beschreiben; solche Sätze werden nun durch Titel summiert. Wieder darf man die »Gottesherrschaft« als analoges

Beispiel heranziehen. Dieses abstrakte Wort wird im Alten Testament nur selten für Gottes Königsherrschaft gebraucht, während etwa im Psalter oft der Ruf: »Jahwe ist König!« erschallt. Das Targum, die spätjüdische Übertragung des Alten Testaments ins Aramäische, hat die verbale Wendung oft durch die abstrakte »Königsherrschaft« Gottes ersetzt. Ähnlich hat man sich die Bildung der christologischen Titel zu denken; auch sie wurden aus biblischen Sätzen geschöpft.

Bereits die vorchristlichen Juden haben den Titel »Messias« = »Christus« gebraucht. Im Neuen Testament ist er das zentrale Würdeprädikat, dessen Vorrangstellung sich aus dem Messiasbewußtsein Jesu, dem Prozeß und der Kreuzigung erklärt. Der Messias war ein Sproß aus Davids Haus und darum der »Davidssohn« schlechthin. Aus dem Nathanspruch und Ps 2,7 wurden die Titel »Davidssohn« und »Gottessohn« gewonnen. Somit gehören diese drei Hoheitsprädikate: Christus, Davidssohn und Gottessohn eng zusammen. Durch die beiden letztgenannten wird der »Christus« näher bestimmt; Herkunft und Würde des Endzeitkönigs werden durch sie präzisiert.

Apg 2,30–35 und Hebr 1,5.13 beweisen, daß man den Nathanspruch mit Ps 110 verbunden und die beiden Stellen nach dem Schema von Weissagung und Erfüllung zusammengesehen hat. Ps 110 bot den Titel »Kyrios« an: der im Himmel zur Rechten Gottes Thronende ist der »Herr«. Dieser Titel beschrieb die Regierungsvollmacht des Messias: Jesus wurde über die himmlischen Wesen, die ihm als Herrscher huldigen, gesetzt (Phil 2,10f). Er war damit gleichsam zum »Herrn der Geister« geworden, eine Stellung, die in den Bilderreden des Äthiopischen Henochbuches Gott selbst vorbehalten ist. Ehe Jesu Königtum auf Erden durchgesetzt wird, muß es im überirdischen Raum gesichert sein, denn die Engel und die Dämonen sind weit stärker als alles Fleisch. Auf Erden ist Jesu Herrschermacht einstweilen nur den Gläubigen bekannt; deshalb wurde Jesus Christus »ihr Herr« (vgl. Röm 1,4). Genauso ist es mit der Königsherrschaft Gottes, die sich in dieser Weltzeit bereits über alle Bereiche erstreckt, aber auf Erden nur von Israel anerkannt wird.

Die Christen, die am »Herrentag« das »Herrenmahl« zu feiern pflegten, riefen: »Marana tha!« = »Unser Herr komm!« (1Kor 16,22; Apk 22,20). Mit diesem Ruf flehten sie, der erhöhte Kyrios möge kommen und seine Herrschaft auch auf Erden durchsetzen, wie das in Ps 110 kraftvoll beschrieben ist. Es geht nicht an, den christologischen Titel »Herr« dem palästinischen Christentum abzuerkennen und zu behaupten, er müsse in der griechisch sprechenden Welt entstanden sein. Schon die Tatsache, daß der Ruf: »Unser Herr komm!« auf aramäisch erhalten ist, sollte uns warnen. Außerdem haben auch an diesem Punkt die Qumranschriften weitergeführt. Unhaltbar ist das alte, auch heute noch oft wiederholte Argument, die Anrede »marī« = »Herr!« sei vor dem dritten nachchristlichen Jahrhundert nur im zwischenmenschlichen Bereich angewandt worden, komme folglich auch nicht für den im Himmel thronenden Christus in Betracht.[99] Denn im wichtigsten und umfangreichsten aramäischen Dokument aus der Zeit Jesu, dem sogenannten Genesisapokryphon von Qumran, wird Gott mehrfach als »Herr des Himmels und der Erde« (20,15), als »Herr und Herrscher über das All und alle Könige auf Erden« gepriesen (20,12–13, vgl. 22,16.21–22 und Dan 2,47; 5,23). Ferner erscheint auch die Anrede »marī« im Gebet zu Gott (20,14.15), und der stereotype Anfang der Loblieder: »Ich preise dich, Herr« beweist, daß die an Gott gerichtete Anrede »Herr« recht häufig gewesen sein muß. So war es für die Jünger Jesu ein leichtes, den Titel »Herr«, mit dem sie schon den irdischen Meister angeredet hatten, auch auf den erhöhten Christus anzuwenden, zumal er gerade die Regierungsgewalt des himmlischen Königs zum Ausdruck bringt.

Auch der Titel »Retter« braucht nicht erst der griechisch sprechenden Kirche zugeschrieben zu werden. Denn Hauptaufgabe des davididischen Messias der Qumranschriften ist es ja, Israel zu »retten«; das wird gerade auch im Kommentar zum Nathanspruch gesagt. So ist es begreiflich, daß auch in den Evangelien das Motiv des »Rettens« erscheint. Der Engel der Weihnachtsgeschichte verkündigt den Hirten auf Bethlehems Feld: »Euch, d.h. den Vertretern Israels, ist heute der Retter geboren!« (Lk 2,11); und die Juden rufen dem gekreuzigten Jesus spottend zu, er wolle der König und Retter Israels sein und könne sich selbst nicht retten (Mk 15,31–32). Und sollten wirklich erst die bekehrten Heiden Jesus als »Retter« entdeckt haben? Hat nicht schon der Name »Jesus«, der »Gott rettet« bedeutet, den palästinischen Juden Jesus als den »Retter« gezeigt?

Dagegen scheint der »Menschensohn« nicht in den Rahmen der um den »Messias« gruppierten Prädikate zu passen. Wie kam es, daß er in den Evangelien Eingang fand? Hat Jesus sich etwa selbst als »Menschensohn« bezeichnet? Wenn ja, was wollte er damit sagen?

Rudolf Bultmann ist der Ansicht, die Urgemeinde habe den Auferstandenen und Erhöhten vor allem als »Menschensohn« verkündigt. Gott habe an Ostern den Gekreuzigten zum Messias gemacht und ihn zum Menschensohn erhöht; von da an habe man sein Kommen als Weltenrichter erwartet. Die Bedeutung Jesu habe nicht in dem gelegen, was er in der Vergangenheit getan hatte, sondern in dem, was man von ihm in der Zukunft erwartete; diese Erwartung habe die Urgemeinde zu einer eschatologischen Gemeinde gemacht.[100] Bei Bultmann paßt diese Behauptung zu seiner überzogenen Evangelienkritik. Nach ihr sind nur solche Menschensohnworte echt, in denen Jesus mit dem Menschensohn nicht etwa sich selbst, sondern einen anderen, nach ihm Kommenden, meint; erst die Gemeinde habe aufgrund des Ostergeschehens Jesus mit dem Menschensohn gleichgesetzt und dementsprechende Menschensohnworte gebildet. Dazu konnte sie der Glaube ermächtigen, Gott habe an Ostern Jesus zum Menschensohn erhöht. Aber nirgends im Neuen Testament steht solch ein Satz. Vielmehr wurde Jesus mit der Auferstehung zum Gottessohn (Röm 1,4), zum Herrn und Christus gemacht (Apg 2,36). Dieses Ereignis ließ sich von den Stellen 2Sam 7,12–14 und Ps 110 her verstehen, von denen man die Titel »Gottessohn« und »Herr« für den davidischen Messias ableiten kann (Apg 2,36).

Auch Jesu Wiederkunft wurde als Erscheinen des »Herrn« erhofft; das zeigt schon der alte aramäische Ruf »Marana tha!« = »Unser Herr komm!« (1Kor 16,22). »Menschensohn« war nämlich gar kein Titel und keine Würdebezeichnung, die man prädikativ hätte einsetzen können, etwa: »Jesus ist der Menschensohn«; . . . »er wurde zum Menschensohn erhöht«. Auch in Dan 7,13 ercheint Menschensohn nicht als Titel oder Selbstbezeichnung, sondern als Vergleich: »wie ein Menschensohn«. Im Neuen Testament ist dieses Wort – außer in Apg 7,58 – immer nur Selbstbezeichnung Jesu, mit der er seine messianische Sendung gleichzeitig verhüllt und offenbart. Es ist deshalb nicht richtig, wenn Ferdinand Hahn den »Menschensohn« in die jüdische Messiaserwartung einträgt. Er schließt seine Untersuchung mit den Sätzen: »Wie immer es mit den religionsgeschichtlichen Wurzeln stehen mag, die Menschensohnvorstellung war in neutestamentlicher Zeit längst ein eigenes Überlieferungselement im Judentum geworden und zugleich ein gewisser Kristallisationspunkt innerhalb der apokalyptischen Enderwartung.«[101] Diese Behauptung trifft nicht zu; Hahn scheint das selbst zu spüren, denn er hebt sie in einer umfangreichen Fußnote praktisch auf.[102] In der Endzeiterwartung der Qumrangemeinde fehlt der Menschensohn, obwohl das Buch Daniel für sie sonst sehr wichtig war. Als himmlische Helfer der irdischen Heiligen wurden Gott selbst und der Erzengel Michael genannt (1 QM 17,6; vgl. Dan 12,1f). Und der apokalyptische Menschensohn ist auf zwei Schriften beschränkt: die Bilderreden im Äthiopischen Henoch und das Buch IV. Esra. Die letztere der beiden Schriften wurde lange nach Jesu Auftreten, gegen Ende des 1. Jahrhunderts, verfaßt. Das Alter der Bilderreden ist fraglich; ein vorchristliches Datum ist für sie nicht mehr gesichert, zumal sie nicht wie die anderen Bücher des Äthiopischen Henoch durch Fragmente aus den Qumranhöhlen nachgewiesen sind. Bei beiden, Bilderreden und IV. Esra, ist der »Menschensohn« von Dan 7,13–14 inspiriert und exegetisch weiter ausgeführt. Bei Daniel erscheint er als geheimnisvolle, mit den Wolken des Himmels kommende Gestalt. Sie wird vor Gottes Thron zum ewigen Weltherrscher eingesetzt; damit hat die Ära profaner, tyrannischer Großreiche ihr Ende gefunden. Aber der »Menschensohn« dient bei Daniel als ein bildlicher Begriff: er meint den Menschen schlechthin im Gegensatz zu den wilden Tieren, welche die weltlichen Großreiche und deren Könige symbolisieren (7,3–8), dazu auch im Unterschied zu den vielen Engeln, die vor dem Thron Gottes stehen (V. 10). Seine Menschengestalt soll auch bedeuten, daß seine Herrschaft »menschlich«, für die Menschen hilfreich ist, ganz anders als die Tyrannei der durch Raubtiere charakterisierten Weltherrscher. Nach V. 27 wird das letzte Weltreich dem »Volk der Heiligen des Höchsten« übergeben; von daher ist auch eine kollektive Deutung des »Menschensohns« möglich (vgl. 1Kor 6,2). Der bewußt allgemein und auch rätselhaft gehaltene Ausdruck »Menschensohn« meint demnach in Dan 7,13–14 den Messias mit dem neuen Gottesvolk (7,21). Es liegt aber keine neue, selbständige Erlösererwartung vor; der »Menschensohn« soll nicht den Messias Israels ablösen oder überbieten, ihn aus seiner »nationalistischen Enge« in universale Weite führen. Vielmehr beschreibt er im Munde Jesu den von Gott erwählten, aber noch nicht inthronisierten Erlöser und Endzeitkönig. Er soll einmal alle Macht, Ehre und die Herrschaft über die Völker erhalten (Dan 7,14); aber in der Person Jesu von Nazareth ist er zunächst als Diener aller erschienen. Der »Menschensohn«, der nach Dan 7,13f zu Gott kommt und von ihm als Herrscher eingesetzt wird, hat keine Vorgeschichte. Im Unterschied zu den aus dem Chaosmeer aufsteigenden Weltmächten weiß man nicht, woher er stammt und was ihn zum gerechten Herrscher qualifiziert. Diese Vorgeschichte hat Jesus mit seinem irdischen Wirken geschrieben. Gott hatte ihn bei der Taufe im Jordan mit dem Heiligen Geist gesalbt und ihn als messianischen Gottessohn designiert. Die Selbstbezeichnung »der Menschensohn« bedeutet den erwählten, aber einstweilen noch verborgenen Messias, und zwar für die einsichtigen, in der Schrift bewanderten und von Gott erleuchteten Juden; allen anderen wird durch diese rätselhafte Rede der Anspruch Jesu eher verhüllt.

Bruch oder Brücke

Ein Nachwort

1. Auf die Frage, was wir von Jesus wissen, kann man zunächst versichern: Verglichen mit anderen zeitgenössischen Gestalten, seien es römische Kaiser oder jüdische Rabbinen, wissen wir von Jesus erstaunlich viel. Die Evangelien sind eine gute Quelle. Natürlich enthalten sie »Kerygma« = Glaubensbotschaft; ihre Verfasser wußten von Jesus nur als dem Christus und Gottessohn und wollten mit ihrem Zeugnis den heilbringenden Glauben wecken oder auch stärken (vgl. Joh 20,31). Aber das bedeutet nicht, daß sie das Wirken des Meisters – seine Lehre, sein messianisches Sendungsbewußtsein und den Dienst bis zur Lebenshingabe – nicht zuverlässig erzählt und gedeutet hätten. Die Entdeckung der Qumranschriften hat die verdrängte Frage nach dem historischen Jesus wieder wachgerufen. Diese Texte lassen beides, sowohl die Verbundenheit Jesu mit dem jüdischen Volk und dessen Tradition als auch seine Besonderheit, die revolutionäre Neuheit seines Weges, deutlich erkennen. Auch das Schrifttum der Rabbinen und Weisen Israels ist – obwohl erst nachneutestamentlich – für das Verstehen der Lehre Jesu und der Theologie der Apostel weit wichtiger als etwa die Gnosis, die Rudolf Bultmann dafür bemüht hat. Schließlich verblaßt vor diesem Hintergrund die kritische Analyse und Rekonstruktion der neutestamentlichen Texte. Die vielgepriesenen Methoden der Formgeschichte, der Quellenscheidung und der Redaktionsgeschichte haben bei den Qumranschriften fast ganz versagt. Die formgeschichtliche Analyse der Loblieder (1 QH) hat wenig Aufschluß über deren »Sitz im Leben« gegeben. Es bleibt nach wie vor umstritten, ob es sich bei diesen Liedern um die Gebete eines Einzelnen oder aber der Gemeinde handelt, ob sie täglich oder nur an bestimmten Festen rezitiert wurden oder auch von einzelnen Gemeindegliedern meditiert werden sollten. Ebensowenig lassen sich in den großen Regeln von Qumran Tradition und Redaktion voneinander trennen; auch

die Methode der Quellenscheidung hat zu keinem sicheren Nachweis für frühe oder spätere Schichten in diesen Texten geführt. Deshalb wurde auch der Versuch, auf literarkritischem Wege Hinweise auf die Geschichte der Gemeinde, ihre geistige Entfaltung oder auch Weiterentwicklung zu gewinnen, recht selten gewagt.

Das Neue Testament ist kein esoterisches Buch. Seine Botschaft sollte auch von Nichtchristen verstanden werden und für den Glauben werben. Denn das stellvertretende Sterben des Messias bedeutet das Angebot des göttlichen Heils, der Sündenvergebung und des ewigen Lebens (vgl. Joh 20,31). Aber weil diese ersten christlichen Schriften volkstümlich und vielgestaltig sind, bieten sie sich für die moderne Literarkritik als Versuchsfelder an, besonders für die nach dem »Sitz im Leben« suchende Formgeschichte. Dennoch sollte man sich als Exeget der Evangelien anders verhalten als etwa Karl Marx, der die Welt nicht interpretieren, sondern verändern wollte: Hier gilt es zu interpretieren, zu sehen und zu verstehen, anstatt den Text zu verändern oder eigenen Ideen gefügig zu machen. Je besser wir die jüdische Welt Jesu, deren Sprache und Schrifttum kennen, je mehr wir lernen, die beiden Testamente zusammenzusehen, desto geringer ist die Gefahr einer überzogenen Kritik, der Auflösung oder Umdeutung der Quellen. Und trotz der griechischen Sprache ist das Neue Testament im Grunde kein hellenistisches, sondern weit mehr ein jüdisches Buch, weil es auf dem Boden des Alten Testaments wuchs und vom Geist der griechischen Philosophie weitgehend unberührt blieb.

2. Die übertriebene Fvangelienkritik der Gegenwart schadet der Glaubwürdigkeit unserer Verkündigung. Sie hat eine Kluft zwischen irdischem Jesus und verkündigtem Christus aufgerissen, die sowohl das Zeugnis der Evangelisten als auch die Verkündigung der Apostel unglaubwürdig macht. Freilich scheint ein unmessianischer Jesus den so wichtigen jüdisch-christlichen Dialog zu erleichtern und das Einverständnis der Gesprächspartner zu fördern. Und je weniger man das Judentum zur Zeit Jesu kennt, desto eher wird man als Christ ge-

neigt sein, – von den Argumenten der jüdischen Seite beeindruckt – einen hellenistisch denkenden Paulus oder antijudaistisch eingestellte Evangelisten anzunehmen, eine Verdunkelung der historischen Wahrheit und jüdischen Weisheit durch das Kerygma der Kirche zu konzedieren, um dem älteren Bruder Israel recht zu geben. Und auf jüdischer Seite wird manchmal so getan, als kämen in der Gegenwart neue, den Christen bisher unbekannte, Tatsachen über die Zeit Jesu ans Licht – im Fall der Qumrantexte trifft das ja wirklich auch zu. Aber um die Erforschung dieser Texte haben sich christliche und jüdische Gelehrte gemeinsam gemüht. Vor allem sollte man nicht vergessen, daß in den letzten hundert Jahren gerade auch deutsche Judaisten wie Weber, Delitzsch, Schürer, Strack, Billerbeck, Dalman, Schlatter und nach ihnen Joachim Jeremias, Karl Heinrich Rengstorf, Otto Michel und deren Schüler die Schätze des rabbinischen Schrifttums für uns Christen erschlossen haben. Diese Forscher haben nicht nur den engen Zusammenhang von Neuem Testament und Judentum, sondern auch von historischem Jesus und verkündigtem Christus betont.

3. Die von Martin Kähler erstmals systematisch vollzogene und dann von Bultmann und vielen anderen übernommene Unterscheidung zwischen historischem Jesus und biblischem, geschichtlichem Christus ist m.E. nicht berechtigt. Sie blieb schon im Werk A. Schlatters unbeachtet. Wer vorurteilsfrei auf den Jesus der Evangelien sieht und ihn mit seiner jüdischen Umwelt vergleicht, wird in diesem Jesus den Christus, den »Messias Israels« erkennen. Denn beides, die Übereinstimmung und der Unterschied, wird dann klar: Jesus war ein Jude, der wie seine Landsleute in der hebräischen Bibel lebte; aber er wollte Mose und die Propheten nicht etwa nur »aufrichten«, sondern sie auch »erfüllen« (Mt 5,17), d.h. sie nicht nur lehren, sondern auf einzigartige, messianische Weise bewähren. Als Messias, der Israel sammeln und zu Gott zurückbringen sollte, setzte er sich über den um die Tora errichteten Zaun sowie über die trennenden Reinheitsvorschriften hinweg. Der bloße Rabbi Jesus, der unübertroffene Gleichniser-

zähler und gewaltige Prediger, der etwas radikale Pharisäer aus Nazareth, mag vielen nicht nur als guter Jude, sondern auch als Vorbild des Christ-Seins erscheinen. Nur ist das nicht der wirkliche, »historische« Jesus, der gekreuzigte »König der Juden«. Dieser war der Christus; ihm gegenüber gibt es nur die Alternative: Gottessohn oder falscher Prophet, Messias Israels oder Verführer Israels.

Ich halte denjenigen jüdisch-christlichen Dialog für sinnvoll, der die Unterschiede nicht verwischt, sondern sie bejaht, bedenkt und so den eigenen Glauben besser begreift.[103] Der Versuch, Jesus zum Judentum zurückzuführen und ihn dort aufgehen zu lassen, ihn durch Sympathie oder historische Kritik zu repatriieren (Martin Buber, David Flusser u.a.), muß letztlich an seinem messianischen Sendungsbewußtsein, der dadurch bewirkten Neuartigkeit seines Wirkens und schließlich an der Kreuzesinschrift scheitern.

Die Kirche Jesu hat keinen Grund, das Fragen nach dem historischen Jesus zu fürchten. Denn ihr Bekenntnis, Jesus sei der Christus, wird dem Wollen Jesu und dem Handeln Gottes gerecht: Der Anspruch, der Messias zu sein, wurde von Gott bestätigt, der Jesus mit der Auferstehung zum Sohn und Endzeitkönig gemacht hat (Röm 1,2; Apg 2,36). Freilich ist das ein Glaubenssatz – und die Kirche hat Glaubenssätze zu predigen –, aber er ist nicht aus der Luft gegriffen, sondern in der Geschichte begründet; er ist das gläubige »Ja« zum Anspruch einer geschichtlichen Person. Außer solch einem »Ja« bleibt nur das entschiedene »Nein« des Kaiphas und vieler Juden Jerusalems. Ein Drittes gibt es eigentlich nicht. Denn wer in Jesus nur den wandernden Rabbi oder den Rufer vor dem Ende, den Zeugen des Glaubens oder den gescheiterten Rebellen sieht, bleibt hinter seinem Anspruch und dem Zeugnis der Jünger zurück.

Ostern war ein Endzeitereignis, das unerwartet geschah. Aber es stellt keinen völligen Bruch mit der Historie Jesu dar. Das Beispiel des Bundesgedankens mag zeigen, wie das Verhältnis von Altem und Neuem, Kontinuität und Diskontinuität, zu bewerten ist. Wie man den Bund, den Gott in der Endzeit erneuern wird, »Neuen Bund« nennen kann, obwohl dabei der Alte Bund »aufgestellt« wird, so ist auch die »Auferstehung« Jesu die »Aufrichtung« der Messiaswürde, die Jesus schon vorher besaß. Wie man in Qumran sehnlich das »Aufstehen« des Messias erwartet hat, so hofften die Jünger, die mit Jesus nach Jerusalem zogen, daß dieser dort »aufstehen«, auf dem Zion zum Endzeitkönig erhoben werde. Verhaftung, Verhör und das Kreuz haben diese Hoffnung zerstört; mit Jesu Auferstehung wurde sie wieder zum Leben erweckt.

4. Die Kontinuität von Jesus zu Paulus, vom Sendungsbewußtsein des Nazareners zur Christuspredigt der Apostel, ist sehr fest. Sie wird besonders dann deutlich, wenn man die biblische, d.h. die alttestamentliche Basis des Wirkens Jesu erforscht. Man wird dann feststellen, daß dieser Schriftgrund auch die Verkündigung der Apostel trägt, daß vielfach die gleichen Verheißungen benützt und ähnlich ausgelegt sind.

Freilich wurde die Messiasvorstellung auch der Jünger entscheidend verändert, und jeder Traum von nationaler Erhebung und politischer Herrschaft schwand durch die »Katastrophe« der Kreuzigung Jesu dahin. Erst nach Ostern, unter der Führung des Heiligen Geistes, haben die Jünger »die Schrift« und mit ihr Werk und Absicht Jesu richtig gesehen; nun verstanden sie, daß der Messias nicht Rom, sondern den Teufel besiegen soll und auch Verwerfung und Leiden auf sich nehmen muß. Wir haben keinen Grund, dieser Versicherung des Neuen Testaments zu mißtrauen. Und auch das Alte Testament bestätigt den Weg Jesu, denn dessen neue Messiaslehre ist ebenfalls biblisch begründet. Die Botschaft des Jesajabuches vom Gottesknecht, vor allem das Lied von dessen sühnendem Leiden, hat das Sendungsbewußtsein Jesu entscheidend geprägt. Der Dienst bis hin zum Opfer des Lebens (Mk 10,45) ist m.E. das wichtigste Wesensmerkmal des Wirkens Jesu, das auch das Leben seiner Jünger kennzeichnen soll (Mk 10,44). Dieser Grundsatz bedeutet das Gegenteil vom Streben nach Selbstverwirklichung, Aufstieg und Herrschaft des Einzelnen in unserer modernen Gesellschaft. »Der Größte unter euch sei aller Diener« lautet die Weisung Jesu, die auch von der Kirche nicht immer beherzigt wird. Paulus ist ihr in seinem apostolischen Dienst gefolgt und hat die Lehre vom Kreuz durch freudig ertragenes Leiden bestätigt.

5. Historischer Jesus und Osterpredigt sind durch eine Brücke verbunden, die auf vielen Pfeilern ruht. Jesus hatte die frohe Botschaft vom nahen Gott verkündigt, der als vergebender Vater nach den verlorenen Kindern sucht und selbst den Sündern die Gemeinschaft des Heilands gewährt; die Jünger predigten das Evangelium von Christus, der als Retter erschienen und am Kreuz für die Sünder gestorben ist. Jesus hatte im Heiligen Geist die unreinen Geister vertrieben und den Satan besiegt; ab Ostern wurde er als Herr über alle Geister gepriesen, der den Heiligen Geist den Gläubigen schenkt und in ihm stets bei ihnen ist. Jesus war an die Stelle des Herrn getreten, der die Sünden vergibt und alle Gebrechen heilt (Mk 2,1–12); die Jünger bekannten ihn als »Herrn« und übertrugen alttestamentliche »Herrn-Stellen« auf ihn. Hatte Jesus das bußfertige Herz des Menschen dem Stolz des Frommen vorgezogen und den rettenden Willen Gottes höher geschätzt als den Buchstaben der Tora, so predigte Paulus den Glauben an Christus als den einzigen Weg zum Heil und wies die Weisheit der Welt sowie das Streben nach Gerechtigkeit durch Gesetzeswerke ab. Vor allem aber hatte sich Jesus als Messias gewußt und in messianischer Vollmacht gehandelt; darum wurde der Auferstandene und Erhöhte als König der Endzeit verkündigt. Nach wie vor ist es das Glauben, nicht das Schauen, was vom Menschen gefordert wird: Hatte sich der historische Jesus vor der Menge nie als Messias bekannt, so trat auch die Macht des erhöhten Christus auf Erden nicht sichtbar hervor; nur den Jüngern gab sich Jesus als Messias zu erkennen. Aber diese Verborgenheit des Christus ist ein Zeichen von Gottes Geduld, wie sie Jesus im Gleichnis gelehrt hat. Denn in der Zeit des Glaubens ist Raum zur Buße, da jeder sich frei für Christus entscheiden kann; in der Ära des Schauens, der manifest gewordenen Christusherrschaft, bleibt für den Unentschiedenen nur das Gericht.

6. Warum wurde dann aber die Christuspredigt von vielen Juden abgelehnt? War sie nicht doch übersteigert? Ging sie

nicht über den Rahmen der jüdischen Messiaslehre hinaus? Wer gab den Jüngern das Recht, all die verschiedenen Boten, Helfer, Retter und Richter der jüdischen Endzeiterwartung in Christus zusammenzufassen?

Fraglos sahen sich die jüdischen Hörer des Evangeliums vor manches Problem gestellt. Eines davon war für sie die Bezeugung der Jungfrauengeburt. Denn der Messias der Juden kann nur durch Adoption ein Sohn Gottes sein; er wird nicht vom Heiligen Geist empfangen, sondern mit dem Heiligen Geist gesalbt. Aber man sollte unsererseits nicht sagen, das Wunder der jungfräulichen Geburt Jesu sei zu Unrecht auf die Weissagung Jes 7,14 gegründet, Matthäus habe die griechische Übersetzung dieses Textes als Beweis zitiert, weil allein sie das Wort »Jungfrau« (parthenos) biete: »Siehe, eine Jungfrau wird schwanger werden und einen Sohn gebären, und man wird seinen Namen Immanuel heißen« (1,23). Im hebräischen Text von Jes 7,14 stehe aber der Begriff ʿalmah, und dieser bedeute »junge Frau«; der Prophet habe also nicht an eine jungfräuliche Geburt gedacht. Aber dieser Einwand ist unberechtigt. Das seltene hebräische Wort ʿalmah meint eben nicht die verheiratete junge Frau, sondern das heiratsfähige junge Mädchen, das noch Jungfrau ist (virgo matura). In der Bibel wird Rebekka so bezeichnet, als sie dem Brautwerber Eliezer begegnete (1Mo 24,43), oder die Schwester Moses, als sie ihren kleinen Bruder in einem Kästchen dem Nil anvertraute (2Mo 2,8). Auch an den wenigen anderen Stellen der Bibel sind junge Mädchen gemeint (Spr 30,19; Ps 46,1; 68,26; Hld 1,3; 6,8; 1Chr 15,20). Dieser Befund überrascht keineswegs. Denn Jesaja hatte seinem König ein Zeichen und großes Wunder versprochen: »Fordere es tief aus der Unterwelt oder oben aus der Höhe!« (7,11). Das Schwangerwerden einer »jungen Frau« wäre kein solches Wunder. Wahrscheinlich sollte Jesaja im Sinne von 2Sam 7,12–14 die Geburt eines judäischen Königssohns und messianischen Davididen ansagen (vgl. Jes 9,5). Mit dem Hinweis auf das Wunder einer Jungfrauengeburt wollte er zeigen, daß ein so furchtsamer, ungläubiger König wie Ahas nicht Vater eines messianischen Sohnes sein könnte. Darum wird Gott selbst den Retter ins Dasein rufen, auf wunderbare

Weise »aufstellen« und für ihn Vater sein (2Sam 7,12.14; vgl. auch Jes 9,5f; Jes 11,1f). Die Weissagung Jesajas sah Matthäus mit Recht in der wunderbaren Empfängnis der Maria und in der Geburt Jesu erfüllt. Nach Lk 1,30–33 wurde dieses Wunder durch den Engel Gabriel angekündigt: Maria wird kraft des Heiligen Geistes schwanger werden. Der Engel hat die Weissagung 2Sam 7,12–14 auf die Ebene endzeitlicher Erfüllung gehoben: Anstelle des Propheten Nathan bringt er die frohe Botschaft; der König David wird – im Sinne von Jes 7,14 – durch die Jungfrau Maria ersetzt. Denn in ihrem »Leib« wird der messianische Davidssohn empfangen (vgl. den »Leib« Davids in 2Sam 7,12). Ähnlich zaghaft wie der König Ahas erscheint bei Matthäus der Davidide Joseph, der mit Maria verlobt war (Mt 1,18–20). Denn auch er konnte zunächst nicht an ein göttliches Wunder glauben und wollte die Schwangere heimlich entlassen (Mt 1,19). Aber im Unterschied zu Ahas ließ er sich vom Engel eines Besseren belehren und nahm Maria zu sich; durch die Namensgebung bekannte er sich als Vater des Kindes, das durch die Adoption die Davidssohnschaft erhielt (1,24f).

In einem leider nur fragmentarisch erhaltenen Text aus der Höhle 4 von Qumran (4 Q P^s Dan A^a = 4 Q 243) ist m.E. ebenfalls der Spruch 2Sam 7,12–14 in diesem endzeitlich-messianischen Sinne verwendet. Denn dort wird von einem Königssohn (?) verheißen, man werde ihn »Sohn Gottes« (berēh dī ᵓēl) und »Sohn des Höchsten« (bar ᶜäljōn) nennen (vgl. Lk 1,32–35). Somit fände sich bereits im damaligen Judentum der messianische Titel »Gottessohn«, der von 2Sam 7,14 und Ps 2,7 her durchaus naheliegt.

7. Ferner war die Kreuzigung des Messias ein Ärgernis, das auch durch Ostern nicht völlig beseitigt werden konnte. Denn statt der allgemeinen Auferstehung der Toten war ein Einziger, Jesus, vom Grab erstanden; er wurde im Himmel zum König erhoben, ohne auf Erden Herrscher zu sein. Teufel und Tod wurden im christlichen Kerygma als besiegt erklärt, während der alte Weltlauf doch weiterging und die Menschheit noch immer unter Sünde und Schuld, Krankheit und Sterben

litt. Für den Juden war es nur schwer verständlich, daß sich das Kommen der Endzeit so verschwiegen und zögernd, in solch großen Zeitabständen vollziehen sollte. Dennoch fehlt auch hier die Verbindung zum jüdischen Glauben nicht. Man hat zum Beispiel in Qumran einzelne Güter der Endzeit als gegenwärtige Realität gesehen, während die große Wende noch immer auf sich warten ließ. Zunächst war die Endzeitgemeinde, das Volk der Heiligen, bereits da, freilich in unscheinbarer, unvollständiger Gestalt. Immerhin glaubte man, auch die himmlischen Heiligen, die Engel, gingen unsichtbar im Lager der Qumranleute ein und aus und stellten jetzt schon die Gemeinschaft her, die am Ende sichtbar verwirklicht sein werde. Ferner war die Qumrangemeinde vom Heiligen Geist regiert (Gemeinderegel 3,7), der sonst zu dieser Zeit als Gabe der Endzeit galt; der Beter der Loblieder dankt Gott besonders dafür, daß er ihm den Heiligen Geist gegeben hat (7,6–7).

Aber erst wenn der Messias erscheint, das Böse besiegt und seine Herrschaft beginnt, ändert sich die Gestalt dieser Welt, ja sie vergeht. Der alles an sich ziehende Sog des Christusglaubens entspricht in etwa der Hoffnung, die das Frühe Judentum in bezug auf die Endzeit hegte. Wie ein Strom von Licht brechen dann Wahrheit und Recht in die verfinsterte Welt; alles, was nicht zum Verderben bestimmt ist, ersteht in neuem Glanz und unversiegbarer Lebenskraft, herrlich wie am ersten Tag. Der Messias bildet den Brennpunkt dieses Geschehens. Seine Siege offenbaren die göttliche Kraft, sein Regieren und Richten Gottes Gerechtigkeit. Von daher gesehen, überrascht der Anspruch der Christuspredigt nicht. War der Messias wirklich gekommen, hat ihn Gott als König inthronisiert, so scheint auch das Licht des letzten Tages bereits in die Welt. Alles ist neu: Der Glaube an Christus schließt notwendig ein neues, eschatologisches Verständnis von Gott, der Welt und der eigenen Existenz mit ein. Fraglich bleibt nur, inwieweit die alte, Israel gegebene Offenbarung Gottes von der eschatologischen Deutung der Dinge betroffen und neu bewertet wird.

In Qumran stellt das Gesetz als Inbegriff der Offenbarung die Konstante dar: Wie in der Endzeit der Alte Bund endgültig aufgestellt wird, so wird auch das beim Bundesschluß am Sinai befohlene Gesetz letztmalig aufgerichtet, voll offenbart. Die Endzeit bringt nichts grundsätzlich Neues, sondern erneuert die schon gegebene Offenbarung, deckt alle ihre Geheimnisse und unzulänglich erkannten Sätze auf. Auch wenn Jesus und Paulus versichern, sie wollten das Gesetz nicht aufheben, sondern »aufrichten«, »erfüllen« (Mt 5,17; Röm 3,31), so meinen sie, daß es im Zeichen der Endzeit voll in Kraft gesetzt, nach dem wahren Willen Gottes getan werden soll. Aber wenn Paulus den Gesetzesgehorsam als Weg zum Heil verwirft und durch den Glauben an Christus ersetzt, so ist das für einen Qumranfrommen nicht annehmbar. Zwar kann man in rabbinischen Kreisen gelegentlich sagen, das Gesetz höre im kommenden Äon auf (Babylonischer Talmud Niddah 61b); in Qumran bleibt jedoch auch der Messias dem Gesetz untertan, ja er läßt sich von den Priestern darin unterweisen (4 Q Jes 11,3). Ferner hat Christus den Fluch, mit dem das Gesetz den Sünder verdammt, am Kreuz ausgelöscht; schließlich wird durch die Liebe, wie sie Christus schenkt, das ganze Gesetz erfüllt (Röm 13,8–10). Aber auch diese Haltung zum Gesetz, wie sie der ehemalige Pharisäer Paulus als Christ einnahm, ist durch die jüdische Hochschätzung des Gesetzes bedingt. Weil das Gesetz als der Weg, die Wahrheit und das Leben galt, weil es als Mittler zwischen Gott und Mensch, ja als präexistenter Mitschöpfer der ganzen Welt gepriesen wurde, eben darum konnte der Christusglauben nicht neben einer absolut gesetzten Torafrömmigkeit bestehen. Jedoch wuchs der Christusglaube gerade im Ringen mit dieser spekulativen Torafrömmigkeit über die Grenzen der jüdischen Messiaserwartung hinaus. Abgesehen von Paulus, zeigt das auch der Evangelist Johannes, der zweite große Christologe des Neuen Testaments; die These, das Gesetz sei durch Mose gegeben, die Gnade und Wahrheit aber durch Jesus Christus geworden (1,17), ist ein Hauptthema des vierten Evangeliums. Aber weder Paulus noch Johannes haben das Gesetz des Alten Bundes aufgehoben, sondern mit dem Christusgeschehen heilsgeschichtlich in Einklang gebracht, es neu orientiert: Mose war ein Vorläufer und Zeuge des Christus (Joh 5,46); das Gesetz soll erziehen und vorbereiten auf die Freiheit der Gotteskinder (Gal 3,23–4,6); zum Liebesgebot zusammengefaßt, kann es erfüllt werden in der Kraft des Geistes, so wie Jesus alle Gerechtigkeit des Gesetzes in der Kraft der Liebe erfüllt hat (Mt 3,5; 5,17; Gal 4,4).

ANHANG

Wie wird die Frage nach dem messianischen Bewußtsein Jesu in der neuesten Jesusforschung beantwortet?

1. Zwei wichtige Jesusbücher sind vor kurzem in den USA erschienen; in beiden soll die jüdische Umwelt Jesu besonders beachtet werden.

James H. Charlesworth schildert in »Jesus within Judaism« (1988) das damalige Judentum. Er verweist dabei auf neue archäologische Entdeckungen und bietet Parallelen zu neutestamentlichen Aussagen, vor allem in den alttestamentlichen Pseudepigraphen mit ihrer apokalyptischen Theologie. Charlesworth betont dabei die Kluft, die den historischen Jesus vom Christus der Kirche trenne (S. 15). Diese Kluft möchten wir für Paulus oder Johannes nicht gelten lassen und sie eher für die modernen Jesusbilder behaupten: Ein »Schwarzer Messias«, der marxistisch gefärbte Befreier der Armen oder der Friedensfürst als Gegner der Aufrüstung (S. 26) – solche Dichtungen heutiger Theologen haben mit dem historischen Jesus wenig zu tun. Auf die messianische Frage im engeren Sinne geht Charlesworth nicht ein; daß Jesus »ganz klar ein religiöser Mensch war« (S. 50), wollen wir dem Verfasser gern glauben.

Der vielversprechende Titel »Jesus und das Judentum« in dem Werk von Ed P. Sanders[104] hält nicht, was er verspricht[105]. Denn der Verfasser bietet wenig von Jesu jüdischem Milieu; statt dessen schlägt er sich mit den Thesen der neueren christlichen Jesusforschung herum, vor allem mit der in Englisch erschienenen Literatur[106]. Sanders will die Absicht Jesu, den Grund für seinen Tod und für den Aufstieg des Christentums auffinden: Jesus lehrte über das Gottesreich und wurde als Messiasprätendent gekreuzigt; nach seinem Tod erwarteten seine Jünger, der Meister werde wiederkommen, um sein Königreich aufzurichten. All dies ist sicher richtig, aber wem wäre dies nicht längst bekannt? Ein messianisches Sendungsbewußtsein Jesu lehnt Sanders ab, und zwar aus zwei Gründen: 1) Die beiden Stellen, an denen Jesus es zu bestätigen scheint, nämlich Mk 8,28; 14,61f, seien historisch gesehen zweifelhaft. 2) Die Tatsache, daß die Jünger ihn später als Messias bekannten, schließt wegen des methodischen Prinzips der Unableitbarkeit die Echtheit eines messianischen Sendungsbewußtseins Jesu aus (S. 307); authentisch soll nur das sein, was den Erwartungen des Judentums und dem Bekenntnis der Seinen widersprach. Aber wendet man dieses Prinzip auf die Grundtatsachen des christlichen Glaubens an, wird daraus eine fatale Konsequenzmacherei. Für Sanders war Jesus ein Prophet der »jüdischen Wiederherstellungseschatologie«; er habe gewollt, daß die Gottlosen in das Himmelreich kommen und dieses als Festmahl erwartet. Auch das ist nicht gerade neu und kaum falsch, nur sollten dabei die Notwendigkeit der Buße und die Warnung Jesu an das ungläubige Israel nicht vergessen werden! Unerklärt bleibt die Ursache des Todes Jesu: Warum wurde er zur Hinrichtung am Kreuz verurteilt, wenn er doch nicht der Messias sein wollte? Die sogenannte »Tempelreinigung« sei nicht als eine Kritik an Opfer und Priesterschaft zu verstehen, vielmehr habe Jesus mit dem Umstürzen der Wechslertische die Zerstörung des Tempels angedroht; er wollte einen neuen Tempel anstelle des alten. Aber wie hätte Jesus den Jerusalemer Tempel zerstören sollen? Und der neue Tempel ist ja nicht – wie Sanders meint – ein Gebäude aus Steinen, sondern das lebendige Heiligtum des umkehrenden Israel (Mk 14,58 nach Hos 6,2). Zustimmend wird die Ansicht von Ernst Fuchs zitiert, die maßgeblichen Männer in Jerusalem hätten den Anspruch und das Verhalten Jesu nicht ertragen, die Gott als einen gnädigen Gott offenbarten. Diese Ansicht ist ebenso falsch wie fatal – als ob man im Judentum nicht auch den gnädigen Gott gekannt hätte! Warum hätte solch ein Vorwurf den römischen Präfekten Pilatus interessiert?

2. Im Unterschied zu der im deutschsprachigen Raum noch vorherrschenden unmessianischen Jesusdeutung stellen die derzeitigen Tübinger Neutestamentler den messianischen Jesus in den Vordergrund. 1961 wählte ich für meine erste öffentliche Vorlesung das Thema, das Rudolf Bultmann in einem programmatischen Aufsatz behandelt hatte, nämlich »Die Frage nach dem messianischen Bewußtsein Jesu«[107]. Während aber Bultmann aufgrund seiner Formkritik ein messianisches Bewußtsein Jesu leugnete, weil er Wrede folgte und das Petrusbekenntnis sowie Jesu Verhör vor dem Hohen Rat als Bildungen der Gemeinde ansah, habe ich damals – von den messianischen Qumrantexten ausgehend – die historische Zuverlässigkeit dieser Perikopen behauptet: Jesu Wirken und sein Tod am Kreuz lassen sich nur dann ungezwungen und sachgemäß verstehen, wenn man die von den Evangelisten bezeugte Autorität und den Anspruch des Messias-Menschensohns als historische Wahrheit annimmt. Die christologischen Hoheitstitel gehen letztlich auf Jesus selbst zurück, obwohl er sich nicht als Messias verkündigt hat. Ähnlich ist auch die Ansicht meiner Tübinger Kollegen Martin Hengel,

Peter Stuhlmacher und neuerdings Jürgen Moltmann, sowie die meiner Schüler und Freunde Werner Grimm, Rainer Riesner, Seyoon Kim, Volker Hampel und Heon-Wook Park. Martin Hengel[108] hat die Radikalität und scheinbare Rücksichtslosigkeit – d.h. die unerhörte Vollmacht, die Jesu Ruf in die Nachfolge kennzeichnen – der Kategorie des »eschatologischen Charismatikers« zugeordnet (S. 76); sie kann nicht besser denn als messianisch bezeichnet werden (S. 78). In seinem inzwischen weit verbreiteten Werk »Jesus als Lehrer«[109] zeigt Rainer Riesner, daß die Lehrweise Jesu weit über die eines Rabbi oder auch Propheten hinausging (S. 298–303); sie war messianisch (vgl. Mt 11,3–6; Mk 12,1–8 u.a.). Besonders wichtig für diese These ist der Nachweis, daß auch im frühen Judentum der Messias als Lehrer geschildert wurde.[110]

Entschieden abgelehnt hat Peter Stuhlmacher den unmessianischen Jesus der formgeschichtlichen Kritik, die er zutreffend als »Vermutungswissenschaft« verurteilt.[111] Unter Berufung auf Adolf Schlatter wird die Einheit von historischem Jesus und Christus des Glaubens (S. 11) und die Bedeutung des messianischen Sendungsbewußtseins betont: »Ohne zu sehen und anzuerkennen, daß schon der irdische Jesus den Anspruch erhoben hat, der von Gott zu Israel gesandte Menschensohn zu sein, werden weder das Wirken Jesu noch auch die Passionsgeschichte historisch verständlich« (S. 13). Jesus hat sich sowohl gegenüber den Jüngern als auch vor dem jüdischen Gerichtshof und vor Pilatus offen zu seiner messianischen Sendung bekannt (S. 29–31); Mk 10,45 und die Abendmahlsworte werden zutreffend von Jes 43,3f und 53,11 her erklärt (S. 32–36).

Werner Grimm hat vor allem Deuterojesaja als denjenigen unter den Propheten herausgestellt, dessen Botschaft von Jesus aufgenommen und aktualisiert wurde.[112] Jesus verstand sich als Menschensohn und als Gottesknecht. Aber nicht nur die Texte, die speziell vom Gottesknecht handeln, haben Jesu Wort und Weg bestimmt; vielmehr klingen auch andere Worte dieses »Propheten der Tröstung Israels« in seinen Worten an: in manchen der Seligpreisungen und Gleichnisse, in Worten, die den Sieg über den Satan beschreiben (S. 88–101) oder die zum Beten auffordern (S. 152), vor allem im Lösegeldwort Mk 10,45, in dem Jes 43,3f neu zur Geltung gebracht wird (S. 231–301). Dabei erweckt dieser Bezug zum Jesajabuch keineswegs den Verdacht, die schriftgelehrte Gemeinde der Glaubenden müsse der Urheber solcher Logien sein. Vielmehr läßt gerade dieser prophetische Bezug einen einzigartigen Anspruch und eine exegetische Kühnheit erkennen, die man nur Jesus selbst zutrauen kann.

Seyoon Kim zeigt in seinem Werk »The Son of Man as the Son of God« (Tübingen, Grand Rapids 1983) recht überzeugend, daß die von Jesus gebrauchte Selbstbezeichnung »der Menschensohn« auch durch den Titel »Gottessohn« näher bestimmt werden konnte (Mk 14,61; Mt 16,13–20; 25,31.34; Joh 1,49–51; 5,26f); das geschah allerdings meist auf indirekte Weise. Ferner zeigt Kim vor allem gegenüber H.E. Tödt, welche Ungereimtheiten mit der Annahme entstehen, die Menschensohnworte der Evangelien seien überwiegend Bildung der Gemeinde: Diese selbst hat ja Jesus nie als Menschensohn, sondern als Christus und Herrn, als Sohn Gottes bekannt. Jesus hat sich mit seiner Selbstbezeichnung »der Menschensohn« auf Dan 7,13f bezogen: Er war der messianische »Menschen-Ähnliche«, den Daniel in seinem Nachtgesicht geschaut hatte; er ist auch der Repräsentant der »Heiligen des Höchsten«, des endzeitlichen Israel (S. 35). Die Verse Dan 7,10–14 stehen ferner hinter dem Menschensohnwort Mk 10,45, das Kim auch mit Jes 53 verbindet, ohne den Einfluß von Jes 43,3f zu bestreiten (S. 39; 52–54). Auch die Abendmahlsworte Jesu gehören in diesen Zusammenhang; wie Mk 10,45 beschreiben sie den Weg des Menschensohns (Mk 14,21; Lk 22,29; Joh 6,53; S. 45f; 51f 65). Und keinen Zweifel läßt Kim am messianischen Selbstbewußtsein Jesu.

V. Hampel[113] sieht in der Selbstbezeichnung »Menschensohn« den Schlüssel zum messianischen Selbstbewußtsein Jesu. Bei seiner Taufe geschah die Berufung und Einsetzung in das messianische Amt. Seine Vollmacht deutete Jesus durch die Rede vom »Menschensohn« an: In ihm »ist der von Israel ersehnte Kommende . . . gekommen«. Bis zu seiner Inthronisation war er der verborgene Messias: »Der Menschensohn« ist »die Chiffre, mit der Jesus seinen messianischen Anspruch rätselhaft verhüllt und zugleich andeutend zur Sprache bringt« (S. 243.371). »Die Logien von der gegenwärtigen Hoheit des Menschensohns handeln von der Hoheit des Designierten, dessen zukünftige Herrlichkeit sich jetzt schon proleptisch vorwegereignet, die Logien von seiner zukünftigen Hoheit von der Herrlichkeit des Inthronisierten« (S. 243). Als Jesus seinen Anspruch durch Israel abgewiesen sah, ergab sich für ihn die Notwendigkeit des stellvertretenden Sühnetodes (S. 244ff; 371f).

Auch Jürgen Moltmann durchbricht in seinem neuesten Werk »Der Weg Jesu Christi«[114] die unnatürliche Schranke, die man zwischen einem unmessianischen historischen Jesus und dem Christus des Glaubens errichtet hatte. Das Christusbekenntnis der Gemeinde ist zwar im Ostergeschehen begründet (S. 161). Aber es ist »historisch unwahrscheinlich und theologisch ganz unzulässig, ein ›unmessianisch‹ gelebtes Leben nachträglich aufgrund des Ostergeschehens zu einem messianischen zu erklären« (S. 161). Jesus selbst hat sich »auf ›indirekte‹ oder ›verschlüsselte‹ Weise in eine identifizierende Beziehung mit dem Menschensohn-Weltenrichter gesetzt«; er hat »auf messianische Weise gehandelt, selbst aber das Messiasgeheimnis bewahrt« (S. 161f). »Jesus muß als Messias Israels aufgetreten sein, sein Kreuzestitulus hat Recht, die christliche Gemeinde ist die Nachfolgegemeinschaft des gekreuzigten Messias Israels« (S. 163). Das sind Sätze, die wir uneingeschränkt bejahen.

Viel erwähnt werden hier die neu entdeckten Texte aus Qumran, besonders die in Höhle 1 und 11 von Beduinen gefundenen Lederrollen (Schriftrollen vom Toten Meer), die Leben und Frömmigkeit der von Philo, Josephus und Plinius beschriebenen Essener festlegen. Zitiert wird vor allem aus der Gemeinderegel (Serekh Ha-Jachad, Manual of Discipline, abgek.: 1 QS, dazu die Gemeinschaftsregel (1 QSa) und die Benediktionen 1 QSb) und die ihnen ähnliche Damaskusschrift (Zadokite Documents, abgek.: CD), ferner die Kriegsrolle, die den endzeitlichen Krieg zwischen den Kindern des Lichts und den Kindern der Finsternis beschreibt (abgek.: 1 QM), sowie die Loblieder (Thanksgiving Hymns, Hodajoth, abgek. 1 QH) und der Habakuk-Kommentar (Habakukpescher, abgek.: 1 QpHab). Nur fragmentarisch erhalten sind die Texte aus der Höhle 4 (z.B. 4 Q Pescher Nahum, 4 Q Florilegium; 4 Q Testimonia); wichtig ist schließlich die erst später veröffentlichte Tempelrolle aus Höhle 11 (11 Q Miqdash).

Aufschlußreich ist auch die Darstellung der Essener in Philos Werk: »Quod omnis probus liber sit« = »Daß jeder rechtschaffene Mensch frei ist«, ferner in Hippolyts »Refutatio omnium haeresium« = Widerlegung aller Ketzereien.

Von den zwischen dem 2. Jh. v.Chr. und dem 2. Jh. n.Chr. entstandenen Pseudepigraphen (fälschlich zugeschriebene Werke) werden erwähnt: Das äthiopische Henochbuch (abgek.: äthHen), Die Assumptio Mosis (= Himmelfahrt Moses, abgek.: AssMos), Die Oracula Sibyllina (= Sibyllinische Orakel, abgek.: OrSib).

Von den rabbinischen Werken werden genannt: Die Mischna, ein jüdisches Gesetzbuch vom Ende des 2. Jh.s n.Chr., das 63 Traktate enthält; zitiert wird der Traktat mit Kapitel und Abschnitt, z.B.: ›m Sanhedrin 6,2‹ = Traktat Sanhedrin (Gerichtshof), Kapitel 6, Abschnitt 2. Ein Ergänzungswerk zur Mischna ist die Tosefta (= ›Hinzufügung‹), die ähnlich zitiert wird, z.B. T Sanhedrin 6,2. Ein Kommentar zur Mischna ist der Babylonische bzw. Jerusalemische Talmud, von dem nach der Angabe des Traktats das betreffende Blatt mit Vorder- bzw. Rückseite (a bzw. b) zitiert wird, beim Jerusalemer Talmud mit der betreffenden Spalte a, b, c, d.

Außerdem gibt es noch rabbinische Kommentare zu den Büchern der Tora im engeren Sinn; von ihnen wird die Mekhilta des R. Jischmael zum Buch Exodus (abgek.: Mekh) erwähnt, dann Sifre Numeri (abgek.: Sifr Num), ein Kommentar zum 4. Buch Mose und schließlich der späte Kommentar Pirqe Rabbi Elieser (zu Themen aus Genesis, Exodus, Numeri).

[1] How Judaism and Christianity Can Talk to Each Other; in: Bible Review VI (6) 1990, S. 38.

[2] Buch 20, § 200. Die *Jüdischen Altertümer*, das umfangreichste Werk des Josephus, wurden wohl im Jahre 93 n.Chr. beendet.

[3] Es ist meines Erachtens nicht richtig, das ganze »Testimonium Flavianum« (Altertümer Buch 18, § 63–64) dem Josephus abzusprechen und als christlichen Einschub anzusehen. Eher ist dessen Echtheit anzunehmen, zumal die Sprache nicht christlich, sondern dem Josephus eigentümlich ist.

[4] Annalen 15,44; dieses Werk wurde 112–113 n.Chr. geschrieben.

[5] Die Kaiser-Biographien wurden 121 n.Chr. geschrieben. Vgl. zur Erwähnung des Judenedikts des Claudius die Notiz Apg 18,2.

[6] *Epistulae* 10,96; 112 n.Chr. geschrieben.

[7] Das gilt für alle Jesusnotizen in der rabbinischen Literatur. Diese Stellen werden aufgeführt und kritisch beurteilt von J. Klausner, Jesus from Nazareth, New York 1926, S. 17–56.

[8] R. Bultmann, Jesus, Tübingen 1951.

[9] Zuerst erschienen in »Zeitschrift für Theologie und Kirche« 51 (1954), S. 125–153; jetzt in: Exegetische Versuche und Besinnungen, Göttingen 1960, S. 187–214.

[10] J.M. Robinson, The Formel Structure of Jesus' Message, in: Current Issues of New Testament Interpretation, New York 1962, S. 91.

[11] A. Harvey / Sch. Ogden, Wie neu ist die »Neue Frage nach dem historischen Jesus«?, Zeitschrift für Theologie und Kirche 59 (1962), S. 146–187.

[12] So bezeichnet H. Conzelmann die kritische Kraft der formgeschichtlichen Methode (Artikel Jesus, in: Die Religion in Geschichte und Gegenwart, 3. Auflage, Bd. 3, Sp. 620).

[13] Theologie des Neuen Testaments, Tübingen 1948, S. 1.

[14] E. Käsemann, Das Problem des historischen Jesus, in: Exegetische Versuche und Besinnungen, Göttingen 1960, S. 202.

[15] a.a.O. S. 203.

[16] a.a.O. S. 206–211.

[17] So T.W. Manson, Studies in the Gospels and Epistles, Philadelphia 1962, S. 5–6.26.

[18] Vgl. besonders die Kritik Ph. Vielhauers an den Positionen von E. Schweizer, H.E. Tödt und Ferdinand Hahn, in: Jesus und der Menschensohn, Zeitschrift für Theologie und Kirche 60 (1963), S. 133–177. Zum ganzen vgl. meinen Aufsatz »Die traditionsgeschichtliche Exegese als Beitrag zur theologischen Toleranz«, in: Jesus, der Herr der Kirche, WUNT 52, Tübingen 1990, S. 407–424, bes. S. 410–413.

[19] The Gospel Tradition and its Beginnings. A Study in the Limits of »Formgeschichte«. London 1957.

[20] Memory and Manuscript. Oral Tradition and Written Transmission in Rabbinic Judaism and Early Christianity, Uppsala 1961.

[21] Babylonischer Talmud Chagiga 9b.

[22] Ch. Albeck, Untersuchungen über die Redaktion der Mischna, Berlin 1923, S. 4–5, 42, 87–88, 100; die Tannaim lehrten oft dasselbe in verschiedener Form.

[23] Vgl. 1Kor 7,10–11 mit Mt 5,32; 1Kor 9,14 mit Lk 10,7; 1Kor 11,23–25 mit Mk 14,22–24 par.

[24] R.M. Grant, Historical Introduction to the New Testament, New York 1963, S. 124.

[25] a.a.O. S. 115–116.

[26] Apg 9; 22; 26.

[27] Vgl. 1Kor 10,11.

[28] Eine gute Einführung bietet R. Mayer, »Der Babylonische Talmud«, ausgewählt, übersetzt und erklärt. Goldmann Taschenbuch 1963.

[29] Sie sind zugänglich in den Ausgaben von E. Kautzsch, Die Apokryphen und Pseudepigraphen des Alten Testaments, Tübingen 1900; R.H. Charles, Apocrypha and Pseudepigrapha of the Old Testament, Oxford 1913, Neudruck 1963; P. Rießler, Altjüdisches Schrifttum außerhalb der Bibel, Augsburg 1928.

[30] Für das Studium dieser Texte ist besonders zu empfehlen die Ausgabe von E. Lohse, Die Texte aus Qumran, Hebräisch und deutsch, Darmstadt ⁴1986. Recht gut ist auch A. Dupont-Sommer, Die essenischen Schriften vom Toten Meer (übersetzt von W. Müller). Tübingen 1960.

[31] Diese Beschreibungen sind in Deutsch in der Ausgabe von A. Dupont-Sommer enthalten (vgl. Anm. 30). Wichtig ist die zweisprachige Ausgabe des »Jüdischen Kriegs« des Flavius Josephus von O. Michel – O. Bauernfeind, Darmstadt 1959ff.

[32] I,29. Vgl. dazu W. Till, Die gnostischen Schriften des koptischen Papyrus Berolinensis 8502, Texte und Untersuchungen 60 (V. 2), Berlin 1955, S. 33. Allerdings wird von Nag Hammadi her deutlich, daß die Gnosis eine christliche Häresie war und keine vorchristliche Erlösungsreligion, deren Existenz und Einfluß auf die Kosmologie und Christologie des Neuen Testaments man einfach voraussetzen darf.

[33] Vgl. E. Käsemann, Zum Thema der urchristlichen Apokalyptik, Zeitschrift für Theologie und Kirche 59 (1962), S. 257–284.

[34] Wie diese Begründung des asketisch-mönchischen Lebens in Qumran im einzelnen von der Schrift her vollzogen wurde, habe ich vor allem im Aufsatz »Der heilige Dienst in der Qumrangemeinde und bei den ersten Christen« gezeigt (auf Französisch in den Recherches Bibliques IV, Louvain 1959 (S. 162–202) erschienen, eine verkürzte englische Fassung bot L. Sabourin, Early Christian Cult in the Light of Qumran, in: Religious Studies Bulletin Vol. 2 No. 2, April 1982, S. 73–85. Jetzt in: Jesus, der Herr der Kirche, WUNT 52, Tübingen 1990, S. 3–20.

[35] Gemeinderegel 8,15–16.

[36] Gemeinderegel 4,20–22.

[37] Vgl. Joh 1,46; 7,52.

[38] W. Grimm, Der Ruhetag. Sinngehalt einer fast vergessenen Gottesgabe. ANTI 4, Frankfurt 1980.

[39] Die königliche Herrschaft Gottes wird begrifflich in Ps 103,19; 145,11–13 erwähnt; wichtig ist die Wiedergabe der Botschaft »des Evangelisten« in Jes 52,7: »Dein Gott ist König geworden!« im Prophetentargum: »Die Königsherrschaft deines Gottes wurde geoffenbart!«

[40] Vgl. Tobit 13,1; äthHen 22,14; 25,3; 27,3; 84,2; 103,1, wo das immerwährende Regiment Gottes gemeint ist. Endzeitlich verstanden ist die Königsherrschaft Gottes in AssMos 10,1; OrSib 3,767 und die von Gott verliehene Herrschaft in Dan 2,44; 7,14.18.22.27.

[41] In der Kriegsrolle (6,6; 12,7) wird die Königsherrschaft Gottes erwähnt; nach 6,6 tritt sie dann in Kraft, wenn der Sieg im endzeitlichen Krieg erstritten ist. In den Benediktionen (1 QS b 4,26) ist das Königreich der Endzeit als räumliche Größe zu verstehen. An allen Stellen fehlt jedoch der Begriff »Königsherrschaft Gottes« (malkûth 'el). Wichtig ist, daß der Kommentar zur messianisch verstandenen Nathanweissagung 2Sam 7,12ff die Stelle 2Mo 15,17–18 einfügt: »Das Heiligtum, Herr, das Deine Hände errichtet haben; der Herr wird als König herrschen immer und ewiglich!« (4 Q Florilegium I,3). Das von Gott gegründete Heiligtum ist die Endzeitgemeinde, die wichtigste Größe in der Zeit unmittelbar vor dem Kommen der Gottesherrschaft.

[42] Loblieder 2,8–15; 18,12–13.

[43] Pirqe Rabbi Elieser Kap. 3.

[44] G. von Rad, Die Theologie des Alten Testaments, Bd. I, München 1957, S. 229.

[45] Sifre Numeri 15,41 (115,35a).

[46] Quod omnis probus liber sit § 83–84.

[47] Refutatio Haeresium IX,23.

[48] R. Bultmann, Jesus, Tübingen 1959, S. 46–47.

[49] E. Fuchs, Zur Frage nach dem historischen Jesus, Tübingen 1960, S. 307.

[50] J.M. Robinson, The Formal Structure of Jesus' Message, in: Current Issues in New Testament Interpretation, FS für Otto Piper, New York 1962, S. 103.

[51] Die Satansvorstellung habe im Grunde für Jesus wenig bedeutet, da die Welt für ihn nur insofern schlecht genannt werden kann, als die Menschen schlecht, d.h. bösen Willens sind (R. Bultmann, Jesus, S. 51).

[52] Vgl. dazu meinen Aufsatz »Der Katechon«, jetzt in: »Jesus, der Herr der Kirche«, WUNT 52, Tübingen 1990, S. 293–311.

[53] Es ist bemerkenswert, daß in der Deutung des Gleichnisses vom Sämann (Mk 4,14–20 parr) das Bild von den Menschen als einer Pflanzung das vom Samen als dem Wort Gottes überlagert (J. Jeremias, Die Gleichnisse Jesu, Göttingen 1958⁵, S. 67). In den Qumranschriften fehlt das Bild vom Samen des Worts.

[54] Vgl. dazu meinen Aufsatz »Felsenmann und Felsengemeinde«, jetzt in: Jesus, der Messias Israels, WUNT 42, Tübingen 1987, S. 99–126.

[55] Jes 29,1–8; 30,27–33; Ez 37; 38.

[56] 2Mo 19,10–15.21–25.

[57] Babylonischer Talmud Sanhedrin 38b.

[58] Mekhilta 68a Parasche Jethro 6.

[59] Babylonischer Talmud Mo'ed Qatan 25b.

[60] Sifre Numeri 18b § 117 (37).

[61] Dieser Ansicht ist J. Jeremias (a.a.O. S. 7–12), der auf das hohe Alter dieses Wortes hinweist. Freilich sei es erst sekundär mit der Gleichnispredigt Jesu verbunden worden.

[62] Die Geschichte der synoptischen Tradition, Göttingen 1957, S. 223–233.

[63] Zur Frage des Wunders, in: Glaube und Verstehen, Bd. I, Tübingen 1966, S. 214.226, bes. S. 214–217.244.

[64] a.a.O. 221.

[65] Das Problem des historischen Jesus, in: Exegetische Versuche und Besinnungen, Bd. I, Göttingen 1960, S. 208.

[66] R. Bultmann, Die Geschichte der synoptischen Tradition, Göttingen 1957, S. 13.

[67] So J. Wellhausen, vgl. R. Bultmann, a.a.O. S. 224.

[68] W. Staerk, Altjüdische Gebete, in: H. Lietzmann, Kleine Texte No. 58, S. 7.

[69] Für die Gottlosen steht dort das hebräische Wort zēd-īm, das leicht mit der ähnlich klingenden Bezeichnung für »Dämonen« = shēdīm verbunden werden konnte.

[70] Jesus und Glaube, Tübingen 1962², S. 203–254, jetzt in: Wort und Glaube.

[71] a.a.O. S. 242–245.

[72] Mekhilta R. Jishmael Traktat Beschallach 4, Lauterbach, Bd. I, S. 220.

[73] Vgl. dazu B. Reicke, Der barmherzige Samariter, in: Verborum Veritas. FS für Gustav Stählin, Wuppertal 1970, S. 103–110.

[74] B. Gerhardsson, Memory and Manuscript, Uppsala 1961, S. 182–183.

[75] Gemeinderegel 1,11–13; 5,1–3; 6,19.

[76] Gemeinderegel 6,2–3; Jüdischer Krieg 2,124–133.

[77] Vgl. Mk 14,18–20; Joh 13,18 mit Loblieder 5,24.

[78] Im Lob der »Kinder dieser Welt« und der Empfehlung, sich mit dem ungerechten Mammon Freunde zu machen (Lk 16,8), sieht D. Flusser eine Kritik Jesu an der asketischen und weltabgewandten Qumranfrömmigkeit (Rēshīth Ha-Naṣrūth, Jerusalem 1963, S. 101–103).

[79] So E. Schweizer, Der Glaube an Jesus den »Herrn« in seiner Entwicklung von den ersten Nachfolgern bis zur hellenistischen Gemeinde, Evangelische Theologie 17 (1957), S. 7; G. Ebeling, Wort und Glaube, Tübingen 1960, S. 242.

[80] B. Gerhardsson, a.a.O. S. 183.

[81] On the Trial of Jesus, Studia Judaica Bd. I, Berlin 1961.

[82] a.a.O. S. 111–135.

[83] a.a.O. S. 122–124.

[84] Eusebius (Kirchengeschichte II,5) läßt das Markusevangelium in Rom entstanden sein. Die Abfassungszeit wird wegen Mk 13,7 (Krieg; Kriegsgeschrei) gewöhnlich auf die Zeit des Jüdischen Kriegs gelegt, d.h. auf die

Jahre 67–69. Vgl. M. Hengel, Studies in the Gospel of Mark, London 1985. Eine wesentlich frühere Datierung nimmt C.P. Thiede an, der den kurzen und stark beschädigten griechischen Text auf dem Papyrus Q5 aus der Qumranhöhle 7 mit Mk 6,52–53 identifiziert (Die älteste Evangelienhandschrift? Wuppertal 1990², S. 51ff).

[85] Die Sadduzäer bzw. Minim sind dort die Gesprächspartner der Pharisäer, die von Jochanan ben Zakkai vertreten sind. Dabei geht es um die kanonische Geltung des Hohenlieds und des Buches Prediger (Kohelet).

[86] Das wird vor allem im Pescher zum Propheten Nahum gesagt (III,4–6).

[87] Man kann auch im Einzelnen eine Entsprechung finden: a) Jesus erscheint den Seinen auf einem hohen Berg (Mk 9,2); der Gottesknecht wird hoch und erhaben sein (Jes 53,12). b) Sein Aussehen war anders als das normaler Menschen (Mk 9,3); dies wird in Jes 52,14 vom erhöhten Gottesknecht bezeugt. c) Wie Gott sich auf die Seite des zum Leiden bestimmten Knechtes stellte (Jes 52,13–15), so bekannte er sich bei der Verklärung zu dem geliebten Sohn (Mk 9,7).

[88] Israel hatte nach Ansicht der Qumrangemeinde bisher immer in einem Heiligtum mit falschen Maßen und nach einem falschen Festkalender geopfert. In der Endzeit, am »Tag der (neuen) Schöpfung«, will Gott selbst einen Tempel »erschaffen«, mit dem wiederum nur das lebendige Heiligtum der Heilsgemeinde gemeint sein kann. Mit diesem schöpferischen Akt will Gott dem Bund entsprechen, den er mit Jakob in Bethel gemacht hat (11 Q Miqd 29,9–10). Diese Angabe ist nicht ohne weiteres verständlich. M.E. muß man den Bund mit Jakob auf die Stelle 3Mo 26,42 und das von Gott geschaffene Heiligtum auf die Stelle 1Mo 28,21f beziehen. Jakob hatte dort feierlich erklärt: »Dieser Stein (d.h. der von Jakob in Bethel aufgerichtete heilige Stein) soll das Haus Gottes werden«. Nun hat nach der erwähnten Aussage Loblieder 6,25–27 Gott aus dem erprobten Stein von Jes 28,16 – er wird kollektiv als erlesene Steine gedeutet – eine feste heilige Stadt erbaut, die Heilsgemeinde von Qumran (vgl. Gemeinderegel 8,7f; 9,3).

[89] E. Fuchs, Das Neue Testament und das hermeneutische Problem, Zeitschrift für Theologie und Kirche 58 (1961), S. 212–213; H. Zahrnt, Es begann mit Jesus von Nazareth, Stuttgart 1961⁴.

[90] Das jüdische Strafrecht kannte vier Weisen der Hinrichtung: Steinigung, Verbrennung, Enthauptung, Strangulierung (Mischna Sanhedrin 7,1).

[91] Vgl. dazu M. Hengel, Crucifixion, London 1977, S. 32–38.46–50.

[92] a.a.O. S. 39–45.

[93] A. Schweitzer, Geschichte der Leben-Jesu-Forschung, Tübingen 1933⁵, S. 439.

[94] 4 Q Florilegium. Veröffentlicht durch J.M. Allegro, Fragments of a Qumran Scroll of Eschatological Midrashim, Journal of Biblical Literature 77 (1958), S. 350–354, jetzt bei E. Lohse, a.a.O. S. 257–259.

[95] Vgl. Ps 89,20–38; 132,11–18; 1Chron 22,8–10.

[96] G. von Rad, Theologie des Alten Testaments, Band I, München 1957, S. 309.

[97] Vgl. dazu Tosefta Sotah 9,7 (Zuckermandel S. 429, Z. 21–24). Es wird hier von der Kreuzigung eines Räubers (lestes) berichtet, der ein Zwillingsbruder des regierenden Königs war. Jeder, der »vorbeiging und zurückging«, bemerkte: »Es hat den Anschein, als sei der König gekreuzigt.« Auch in dieser Geschichte wird der merkwürdige Ausdruck qilelath elohim (taluj, 5Mo 21,23) illustriert. Mit dem König ist Gott gemeint, dessen Ebenbild der Mensch ist. Es geht demnach um den Fall von Gotteslästerung durch die am Kreuz Vorübergehenden; das Verbum qillel ist im Sinne von »entehren«, »lästern« interpretiert.

[98] Lukas hat in seinem Bericht vom Verhör Jesu durch den Hohenpriester das Tempelwort nicht berichtet (22,54–71). Deshalb fehlt bei seiner Darstellung der Kreuzigung (23,33–49) der Hinweis auf dieses Wort.

[99] Daß Ps 110,1 auch in vorchristlich-jüdischen Kreisen endzeitlich ausgelegt wurde, wird vom Qumranfragment 11Q Melchisedek belegt. Dieser Text handelt von der Erhöhung des Erzengels Michael im Himmel (vgl. Kriegsrolle 17,5ff); dessen Titel »Malki-zedeq« muß Ps 110,4 entnommen sein (nicht aus 1Mo 14).

[100] Theologie des Neuen Testaments, Tübingen 1951, S. 34.

[101] F. Hahn, Christologische Hoheitstitel, Göttingen 1963, S. 81.95–96.

[102] F. Hahn, a.a.O. S. 21f.

[103] Vgl. J. Neusner, a.a.O. S. 32–38.

[104] E.P. Sanders, »Jesus and Judaism«, Philadelphia 1985.

[105] Anders sein Werk »Paul and Palestinian Judaism«, London 1977.

[106] Das zeigt schon der Index über die zitierten Autoritäten. Der Name R. Hillels, des großen jüdischen Lehrers zur Zeit Jesu, erscheint bei Sanders 4mal in Fußnoten, während er den amerikanischen Kollegen A.E. Harvey fast 50mal erwähnt; N. Perrin wird öfters zitiert als Paulus.

[107] Jetzt in: »Jesus der Messias Israels«, Gesammelte Aufsätze Bd. I, WUNT 42, Tübingen 1987, S. 140–168.

[108] Nachfolge und Charisma, BZNW 34 (Berlin 1968); wichtig ist ferner »Der Sohn Gottes«, Tübingen 1977².

[109] R. Riesner, Jesus als Lehrer, WUNT II,7, Tübingen 1988³; 1. Auflage 1981.

[110] Z.B. in 11 Q Melchizedek; in PsSal 17 und 18, im Targum zu Jes 53, zu Jes 42,7 und 50,4f (S. 304–329). Auch tritt Jesus als Menschensohn ähnlich wie die Weisheit Gottes auf (Mt 11,25–30; Mt 23,37–39; Joh 7,37f; S. 330–343).

[111] P. Stuhlmacher, Jesus von Nazareth, Christus des Glaubens, Stuttgart 1988. Dieses vorzügliche Buch enthält auch eine ausführliche Auseinandersetzung mit der gegenwärtigen Jesusliteratur S. 39–46.

[112] W. Grimm, Weil ich dich liebe. Die Verkündigung Jesu und Deutero-Jesaja (ANTJ 1), Frankfurt/Bern 1976.

[113] V. Hampel, »Menschensohn und historischer Jesus«, Neukirchen 1990.

[114] J. Moltmann, »Der Weg Jesu Christi«, München 1989. Das Buch trägt den bezeichnenden Untertitel »Christologie in messianischen Dimensionen«.